GUIDE HACHETTE FAMILLE

L'aide aux devoirs jusqu'à l'entrée au collège

Grégoire van Steenbrugghe

hachette
FAMILLE

Sommaire

Introduction

Le jour de la naissance d'un enfant, l'homme en devient le père, et la femme en devient la mère. La responsabilité qui en découle est importante, la tâche, lourde et longue. Les parents ont désormais la charge de l'éducation et du développement de leur enfant jusqu'à ce que celui-ci soit en mesure de s'assumer.

À l'âge de 3 ans, l'enfant entre à l'école maternelle, puis à l'école primaire à 6-7 ans. Vers 10-11 ans, il entre au collège. L'instruction est obligatoire jusqu'à l'âge de 16 ans et peut se poursuivre plusieurs années après l'obtention du baccalauréat.

À l'école maternelle et primaire, l'enfant s'initie à son premier métier, celui d'élève. Il découvre la vie en communauté, rencontre ses premiers amis, apprend à se faire une place au sein d'un groupe ; il est jugé sur ses capacités à apprendre, comprendre, restituer, travailler et respecter les consignes.

Le père et la mère, s'ils restent parents de leur enfant, découvrent qu'ils sont à présent aussi parents d'un élève, et l'accompagnement de cette période d'instruction est prépondérant ; ils auront à jouer ce rôle depuis l'entrée de leur enfant en maternelle jusqu'à la fin de sa scolarité.

L'école n'est pas responsable de l'éducation des enfants mais seulement de leur instruction. Cette différence doit être bien claire dans l'esprit des parents, car ils ne peuvent pas s'appuyer sur l'institution pour prendre en charge cette tâche qui leur revient.

S'il n'y a pas de solution infaillible pour accompagner la scolarité de ses enfants, il existe des méthodes qui ont fait leurs preuves. Elles peuvent être appliquées et adaptées afin de permettre aux parents de gérer du mieux qu'ils peuvent l'accompagnement scolaire de leur enfant, sans avoir à tout inventer chaque fois.

L'objectif de l'éducation est, pour les parents, de transmettre à leur enfant une instruction, un savoir être et un savoir-faire. L'instruction permettra à l'enfant de développer son intelligence et de comprendre le monde dans lequel il évolue, afin de pouvoir s'adapter en toutes circonstances. Le savoir être lui permettra d'ajuster son comportement en fonction des différentes situations qu'il rencontre et à respecter les codes culturels. Enfin, le savoir-faire l'aidera à se frayer un chemin, à exercer un métier et à gérer à son tour une famille et l'éducation de ses enfants.

Le souhait de tous les parents est d'aider leur enfant à s'en sortir dans les meilleures conditions dans un monde en mutation, pour lui permettre d'être autonome et heureux. Tout cela s'effectue dans un environnement mouvant, car la scolarité s'étend sur une période où l'enfant est âgé de 3 à 16 ans au minimum, et dure parfois jusqu'à l'âge de 25 ans.

Au fil de ces années, l'enfant vit une transformation complète sur de nombreux plans : physique, personnel, affectif et intellectuel. Ces mutations sont difficiles à gérer pour lui et pour son entourage. Il découvre ses émotions et fait de son mieux pour apprendre à les maîtriser. Il découvre aussi la vie en société, avec les amitiés, les histoires de cœur, les crises, la violence... Il découvre enfin ses aspirations, ses envies, ce qu'il aime, ce qu'il rejette. C'est tout cela qui lui donne les clés pour se construire. Ce bagage lui permettra de poursuivre son développement tout au long de sa vie. L'école au sens large, par la vie sociale et intellectuelle qu'elle lui offre, contribue à son développement personnel, tout comme le fait la vie de famille.

Ce long cheminement commence par l'entrée à l'école maternelle puis à l'école primaire. L'enjeu de ces premières années est important car, même si elles ne déterminent pas toute la scolarité, elles donnent, statistiquement, une tendance sur son déroulement. L'objet de ce livre est de bien comprendre ce qui se joue durant cette période, afin d'aider les parents à accompagner le plus astucieusement possible les premières années de la scolarité de leurs enfants.

D'OÙ VIENT L'INSTRUCTION OBLIGATOIRE ?

L'instruction est devenue publique pour tous les citoyens au lendemain de la Révolution française (1791). Progressivement, elle s'est élargie avec les lois Ferry de 1881 et 1882, qui rendaient l'école primaire gratuite, obligatoire, publique et laïque pour les garçons et les filles âgés de 6 à 13 ans. Cette scolarité s'est étendue en 1936 jusqu'à 14 ans, puis 16 ans en 1959. Il est à noter la différence entre l'instruction et l'école, car si l'école est le lieu d'instruction par excellence, ce n'est pas elle qui est obligatoire, mais bien la transmission du savoir.

L'objectif de ces lois est d'éduquer la population afin qu'elle sache lire, écrire, calculer et qu'elle acquière une culture générale, *via* l'apprentissage de l'histoire, de la géographie, de la littérature, des sciences, ainsi que de l'instruction morale et civique. Cette instruction peut être faite à l'école ou, plus rarement, à la maison, mais toujours sous la tutelle du rectorat.

L'éducation est l'un des piliers d'un État tel que le nôtre. Le budget de l'éducation est en France le plus important poste de dépenses : il s'élevait à 65 milliards d'euros en 2013.

L'ÉCOLE, UNE CHANCE POUR TOUS

Aller à l'école est une chance pour chacun d'entre nous et, sans entrer dans des polémiques, elle reste le principal outil de la méritocratie et un excellent ascenseur social. En effet, elle donne l'occasion de s'instruire, de mobiliser ses capacités intellectuelles à un moment du développement particulièrement favorable à l'apprentissage et à l'assimilation d'informations. L'enseignement dispensé à l'école primaire permet à l'enfant de travailler sur sa propre intelligence, et lui donne les moyens, les références, les mécanismes, les méthodes pour apprendre à travailler et pour apprendre à apprendre. L'école enseigne à l'enfant à lire, à écrire et à s'exprimer correctement, ainsi qu'à calculer et à réfléchir. Elle ouvre le regard des enfants sur le monde avec la géographie, remet les événements dans leur contexte avec les bases de l'histoire, aide à comprendre d'où on vient et pourquoi le monde que nous connaissons est ainsi fait. La gratuité de l'école permet à tous les enfants de s'instruire, pour se construire et grandir dans de bonnes conditions.

ENJEUX ET OBJECTIFS DES PREMIÈRES ANNÉES D'ÉCOLE

Pour s'impliquer dans la scolarité de son enfant, comme pour tout projet, il est nécessaire de bien identifier l'objet, la raison et le ou les objectifs à atteindre. Ces objectifs peuvent être nombreux et varier selon les profils. Certains opteront pour la réussite à tout prix, d'autres pour l'épanouissement personnel, mais il y aura certainement un peu des deux dans l'objectif à définir en famille.

Une scolarité réussie, en première lecture, est une scolarité sans heurts, avec un passage en classe supérieure avec félicitations en fin d'année, des évaluations réussies haut la main et le choix pertinent du collège, compte tenu des bonnes notes. C'est le résultat d'un beau travail de compréhension, d'assimilation et de restitution.

Une scolarité épanouie est une scolarité avec des bonnes notes, dans laquelle l'enfant ne subit pas l'enseignement, car il comprend pourquoi il apprend et pourquoi il travaille. Il met du sens dans son action. Il a conscience qu'il travaille pour lui et directement sur son intelligence, que ce travail l'aide à progresser sur le plan scolaire et personnel, et que les méthodes qu'il acquiert lui seront utiles toute sa vie.

La notion de réussite et d'épanouissement est différente selon chaque personne et chaque famille. Pour l'un, il s'agit de faire fortune, pour l'autre, d'obtenir un diplôme qui lui permettra d'être reconnu, d'exercer le métier qu'il a choisi ou encore de conserver un équilibre parfait entre sa vie privée et sa vie professionnelle.

Il est intéressant de demander à son enfant ce qu'il entend par « réussite » et « épanouissement » à plusieurs moments de son développement, voire de noter ses réponses pour pouvoir y revenir et les comparer par la suite. La réponse donne des éléments de réflexion pour comprendre quel est son moteur, quels sont les ressorts de sa motivation. En fonction de ce qui lui donne envie ou le fait vibrer, il est possible de l'aider à trouver un sens à ses efforts, en le poussant à se projeter. Et le sens qui est mis lui permet de changer de posture, de passer d'un état passif à un état actif, de devenir acteur de sa vie, de *choisir* de faire un effort et non de le faire par devoir. Cette dynamique est vertueuse.

Les parents ne doivent jamais oublier qu'au primaire, mais aussi au collège et parfois au lycée, **les élèves travaillent pour être reconnus par ceux pour qui ils travaillent**, à savoir leurs parents et leurs professeurs, afin d'être aimés et reconnus par eux. Ayant ce constat en tête, on comprend mieux l'importance des compliments et des encouragements au quotidien.

Compte tenu de la difficulté des jeunes enfants à se projeter, la définition de l'objectif devra être à long terme, passant par le désir d'exercer un métier qui les attire (pompier, pâtissier, astronaute, pilote, footballeur, infirmière, homme d'affaires, président de la République...).

Cependant, l'objectif de la scolarité, pour les élèves de maternelle et du primaire, est plus terre à terre : ils doivent, à la fin du primaire, savoir lire tout en comprenant ce qu'ils lisent, c'est-à-dire avoir acquis le vocabulaire courant, la grammaire et la syntaxe qui transmettent le sens de la phrase. Ils doivent également savoir écrire en faisant le minimum de fautes d'orthographe, de grammaire et de conjugaison, et savoir raconter une histoire compréhensible par le lecteur. Ils doivent aussi savoir compter : faire du calcul mental, poser et effectuer des opérations. Ils doivent savoir raisonner, c'est-à-dire comprendre comment résoudre un problème, savoir quelle opération employer pour trouver la solution d'une problématique donnée... Enfin, ils doivent savoir apprendre par cœur une leçon ou une poésie et la restituer, à l'écrit ou à l'oral.

Vous trouverez dans ce livre des clés, astuces et moyens à mettre en œuvre pour vous permettre d'atteindre cet objectif. Selon la personnalité de votre enfant, cela vous demandera du temps et parfois beaucoup de patience, car les parents ne sont pas toujours les mieux placés pour accompagner leur enfant, tant la relation est complexe puisqu'elle est empreinte de bonne volonté, d'amour, de déception parfois, et de beaucoup d'autres enjeux et facteurs, qui peuvent rendre l'aide aux devoirs très explosive. Mais si vous suivez les conseils prodigués dans ces pages, vous devriez parvenir à établir avec votre enfant une relation sereine lors de ces moments passés ensemble sur les leçons et les devoirs.

FOCUS

Définir un objectif à sa scolarité permet à l'enfant de donner un sens à celle-ci et d'être actif dans sa démarche d'apprentissage.

L'école maternelle

Votre enfant a soufflé ses 3 bougies : il va entrer à l'école maternelle. Pour celui qui n'est pas allé en crèche, cette entrée à l'école correspond à la première sortie du cocon familial. C'est aussi le premier lieu de socialisation qu'il va découvrir sans ses parents.

L'ENTRÉE À L'ÉCOLE MATERNELLE

Cette entrée à l'école n'a rien d'anodin et les débuts sont parfois délicats. Pour aider votre enfant à franchir le pas, vous pouvez l'accompagner jusque devant la classe et même, bien souvent, dans la classe, au moins pendant les premières semaines. Cela crée un lien entre la famille et ce premier lieu d'apprentissage. Ce privilège n'existe qu'à l'école maternelle : à l'école primaire, les parents n'entreront plus dans l'enceinte de l'école que pour les réunions et les rendez-vous.

L'école maternelle a pour but de préparer votre enfant à son métier d'élève. Pendant cette période, il va développer son langage, découvrir l'univers de l'écrit et appréhender les nombres. Il apprendra aussi à se comporter en société, à s'exprimer avec son corps, à se positionner dans un groupe, à percevoir, imaginer, créer, fabriquer... Ces trois années de maternelle sont appelées, au sein de l'Éducation nationale, le

cycle I, qui corresponde à celui des apprentissages premiers.
En maternelle, l'enfant n'a pas de travail à faire après l'école. Du coup, un accompagnement scolaire au sens strict du terme n'est pas nécessaire, mais il vous est possible d'aider votre enfant dès ces premières années.

INTÉRESSEZ-VOUS À CE QUI SE PASSE À L'ÉCOLE

Pour l'aider, commencez par le faire parler de sa journée, de la façon dont il l'a perçue, s'il est content ou non. Compte tenu de son âge, il ne pourra en parler que lorsque les événements seront frais dans sa tête, c'est-à-dire immédiatement après la sortie de l'école, ou parfois le soir avant de se coucher. Si vous travaillez, essayez dans la mesure du possible de venir le chercher plusieurs fois dans l'année. Ces moments seront pour lui encore plus importants.
S'il a tendance à ne rien raconter, même dans ces moments clés après l'école ou le soir, ou s'il rechigne à aller à l'école, cela vaut la peine d'en parler à son enseignant le matin lorsque vous l'accompagnez, pour savoir comment se passe sa journée et s'il se sent bien dans le groupe. Vous n'avez pas à culpabiliser à l'idée de faire cette demande, elle est au contraire légitime puisque votre enfant ne vous donne pas d'informations. Ce retour de la part de l'enseignant est précieux, il vous permettra d'éviter de vous inquiéter inutilement ou, à l'inverse, de détecter très tôt une difficulté.
Les apprentissages faits en maternelle peuvent permettre de déceler certains troubles qui seront plus visibles au primaire comme une myopie, un usage compliqué des mains (dyspraxie)... Plus ils seront identifiés et corrigés tôt, mieux ce sera pour votre enfant et sa scolarité.
Si ces quelques minutes avant le début de la classe ne suffisent pas, n'hésitez pas à prendre rendez-vous, l'échange sera préparé par l'enseignant et vous aurez ainsi le temps d'avoir un retour complet sur votre enfant, sur ses ap-

prentissages et sur son comportement, que ce soit avec son maître ou sa maîtresse, ou avec les autres élèves, en classe et dans la cour de récréation. Un rendez-vous annuel de ce type est indispensable. Le mois de novembre est une bonne période dans l'année pour ce premier rendez-vous, puisque les élèves et le maître ont appris à se connaître. Cela permet à l'enseignant de donner un avis pertinent, et aux parents le temps de réagir en cas de difficulté.

FOCUS

Une vidéo disponible sur le site du Cours du Pont de Pierre explique pourquoi le langage est le premier facteur de la réussite scolaire. Pour en savoir plus, rendez-vous sur : www.coursdupontdepierre.com

ACCOMPAGNEZ-LE DANS SA DÉCOUVERTE DU LANGAGE

La maîtrise du langage est le premier facteur de la réussite scolaire, car tout passe par cette acquisition. Au cours de ces trois années de maternelle, et par la suite également, vous pouvez accompagner la découverte du langage de votre enfant. Pour cela, appuyez-vous sur les nombreux livres et imagiers disponibles, lisez-les avec lui en prenant le temps de commenter les images, de lui expliquer les mots, les notions, le sens qui est transmis. Lisez le texte en soulignant avec votre doigt les mots que vous prononcez. En plus de passer un moment agréable avec votre enfant dans vos bras, au calme, cet exercice permet de lui parler d'autres sujets que le quotidien, et donc d'apporter un vocabulaire nouveau dans votre échange (une colline, une vache, un fermier, une tour, une caserne...). Ce rituel, qui peut se dérouler au moment du coucher, vous permet de calmer votre enfant, de favoriser des connexions avec ce qui se passe à l'école et de vous ouvrir ainsi sur des événements dont vous n'auriez pas entendu parler autrement. Son endormissement sera meilleur.

Vous pouvez vous procurer ces livres et imagiers en bibliothèque et en librairie. Faites-vous conseiller par votre libraire si besoin. La tranche d'âge pour laquelle chaque livre est adapté est la plupart du temps indiquée dessus. L'étude PISA 2010 montre, statistiques à l'appui, les bienfaits de l'apprentissage de la lecture sur le développement de l'enfant et sa réussite scolaire. Nous aurons l'occasion d'y revenir.

En plus de ce moment agréable passé ensemble, c'est tout un système de valeurs que vous transmettez à votre enfant. Vous lui montrez, en y consacrant du temps, l'importance que représente l'apprentissage dans votre vie et, du coup, dans la sienne.

Ce travail se fait au quotidien avec les films pour enfants, les jeux, les courses... profitez de la routine pour parler avec votre enfant du monde qui l'entoure et l'ouvrir à celui-ci.

LE SAVIEZ-VOUS ?

L'étude PISA

PISA signifie « *Program for International Student Assessment* », que l'on peut traduire en français par « Programme international pour le suivi des acquis des élèves ». Ces études, menées par l'OCDE (Organisation de coopération et de développement économiques), permettent de mesurer les performances des systèmes éducatifs des pays membres et non membres. Dans cet ouvrage, nous faisons référence à l'étude PISA 2010.

ENCOURAGEZ LES ACTIVITÉS MANUELLES

Outre le langage, l'accompagnement de ces années de maternelle peut consister à développer des activités manuelles comme celles qui sont réalisées à l'école : le dessin, le coloriage en s'appliquant et en maîtrisant ses traits, le collage... N'hésitez pas, chez vous, à réserver un espace au dessin, approvisionné en feuilles, feutres et crayons de couleur. Vous pouvez y ajouter des jeux ludo-éducatifs comme des puzzles de quelques pièces avec une image simple, des jeux de dominos de grande taille... Il en existe de nombreux dans les magasins de jouets, avec une indication d'âge inscrite sur la boîte.

Durant ces trois années de maternelle, votre enfant va notamment apprendre à tracer des boucles et des traits de plus en plus précis, au fur et à mesure qu'il avance en âge. D'abord en repassant sur les tracés faits par l'enseignant, puis en exécutant des lignes de boucles ou de répétitions de formes. Tout cela le prépare à l'écriture, qu'il abordera à partir de la grande section et surtout du CP. Profitez de chaque occasion pour développer son aisance : cela peut être fait de façon très ludique et simple, en été, en traçant des boucles dans le sable, sur la plage. Par ailleurs, usez et abusez de l'ardoise, qui lui permet d'effacer facilement les traits dont il n'est pas satisfait ; ou encore, offrez-lui un tableau et des craies, les enfants en sont généralement très friands car ils font « comme à l'école ».

Si l'apprentissage de la lecture et de l'écriture se fait au cours préparatoire, dans la pratique, pendant la dernière année de maternelle, les enfants commencent à apprendre à écrire, notamment les lettres de leur prénom, et à lire quelques mots. Cela sera bien entendu revu et approfondi au CP.

Petit conseil

Pour le coloriage et le collage, il existe de nombreux cahiers bien construits qui pourront le guider. En voici quelques-uns :

- ***Coloriages pour ne pas dépasser. Les fées – Hello Kitty*, Hachette.**
- ***Mon livre de coloriages – Hello Kitty*, Hachette.**
- **Collections « Coloriage P'tit garçon » et « Coloriage P'tite fille », Fleurus.**

CRÉEZ UN RYTHME EN LIEN AVEC L'ÉCOLE

Durant cette période, contrôlez l'usage de la télévision, dans la sélection des programmes tout comme dans le temps passé chaque jour devant le petit écran. Les DVD vous permettent de maîtriser les programmes, vous pouvez choisir les dessins animés de Dora l'Exploratrice, bien construits et qui donnent des bribes d'anglais, de Babar, des Teletubbies, des Walt Disney... Contrôlez bien le temps quotidien passé devant un écran (télé, ordinateur, tablette ou smartphone), pour permettre à votre enfant de s'intéresser à d'autres choses, voire de s'ennuyer un peu afin de laisser travailler son imagination.

Dans la mesure du possible, évitez les écrans le soir avant l'heure du coucher car ils excitent l'enfant, ce qui nuit à son endormissement, comme le démontrent de nombreuses études sur le sujet. Une heure d'écran par jour est vraiment un maximum pour un tout-petit.

Fixez un rythme de coucher et de lever respectueux de l'enfant, pour qu'il dispose de dix à onze heures de sommeil chaque nuit et qu'il ait le temps de se préparer le matin, sans que toute la famille soit en stress.

ÉTABLISSEZ UN PONT ENTRE LA MAISON ET L'ÉCOLE

Au cours des années de maternelle, les jeunes élèves se retrouvent au sein d'un groupe, apprennent à vivre avec ce groupe et à respecter un rythme : horaires fixes d'entrée, de sortie, de pauses et de repas. Ces apprentissages hors cadre familial contribuent à son éveil.

Créer un pont entre la maison et l'école permet de rendre communicants les deux univers de l'enfant. Ce pont peut se faire par l'accompagnement le matin, par le dialogue avec l'enseignant, la présence aux réunions et il peut se poursuivre avec l'invitation d'enfants de la classe à la maison. Recevoir ses amis de l'école contribue au développement social de votre enfant. C'est d'autant plus facile en maternelle que certaines inhibitions n'existent pas encore. Cela lui permet de développer des amitiés et cela vous permet à vous, parents, de connaître les copains de votre enfant et de rencontrer d'autres parents. Ainsi l'école n'est pas un lieu à part dans l'esprit de votre enfant.

En somme, au cours de ces années de maternelle, l'adaptation de la vie de famille à ce nouveau rythme scolaire – avec l'apparition à la maison d'espaces consacrés à l'apprentissage, la mise en place d'un rythme convenant à l'enfant et le respect de certaines règles (programmes de télévision contrôlés, suppression des écrans le soir, temps consacré à la lecture...) – est la meilleure aide que vous pouvez apporter à votre enfant. Cette aide lui permettra d'entrer sereinement au CP.

Les fondements de l'école primaire

Les classes du primaire sont les premières pierres de la scolarité. En effet, c'est l'école primaire qui permet d'appréhender les apprentissages fondamentaux. Les enfants apprennent à lire, à écrire, à s'exprimer par oral et par écrit, à calculer, à raisonner. Dans un monde parfait, aucun enfant ne devrait entrer au collège sans maîtriser ces fondamentaux.

TOUT SE JOUE AU PRIMAIRE : VRAI OU FAUX ?

Une chose est sûre : sans la maîtrise des apprentissages de base, c'est toute la suite de l'enseignement scolaire qui est menacée. Or cet apprentissage n'est pas chose aisée, loin de là, et l'échec de ce dernier est la cause de nombreux décrochages scolaires.

La lecture des lettres, des sons, des mots, des phrases est un apprentissage progressif, qui doit se faire au rythme de chacun. Les enfants ne rencontrent pas tous les mêmes difficultés. Des problèmes de dyslexie peuvent apparaître, souvent simples à corriger s'ils sont rapidement pris en charge. Le déchiffrage des mots doit être rapidement suivi de la compréhension du sens de chaque mot, pris individuellement. Ensuite, il doit être mis dans le contexte global de la phrase, en respectant le sens donné par la syntaxe et la grammaire. Lire une phrase n'est pas nécessairement la comprendre. L'enfant doit la lire à son rythme pour en comprendre le sens, faute de quoi il passe à côté du message transmis, s'y perd puis se décourage.

Or lorsque ces bases sont mal acquises, le potentiel de succès de la scolarité de l'enfant est écorné, sa confiance en lui, entamée. C'est d'autant plus dommage qu'il n'est pas question d'intelligence, à ce stade, mais de méthode et de patience. Un enfant qui peine à lire et à comprendre ce qu'il lit aura tendance à se décourager par la suite. Les orthophonistes sont de très bon conseil pour franchir ces étapes avec succès. N'hésitez pas à en parler avec l'enseignant de votre enfant pour avoir son avis, ainsi qu'à votre pédiatre pour qu'il prescrive, si nécessaire, un bilan orthophonique.

APPRIVOISER LE LIEU

Au sein de l'école, ce n'est pas seulement l'instruction qui est transmise. L'école est le premier lieu de socialisation des enfants. Dans la cour de récréation se font et se défont les premières amitiés, l'enfant y prend sa place en fonction de sa personnalité, il découvre les groupes et les clans. C'est aussi au sein de sa classe qu'il se confronte aux autres enfants sur une partie de son potentiel intellectuel et qu'il entre ou non dans la compétition. Tout cela se déroule sans la présence de ses parents, qui ont un accès limité à l'école. Ces premières véritables expériences de socialisation, l'enfant les vit seul.

Au CP, les activités ludiques de la maternelle disparaissent en grande partie pour un apprentissage plus structuré, avec un rythme qui s'intensifie. L'apprentissage de la lecture, du calcul et de l'écriture occupe l'essentiel de cette année. C'est au CP que l'enfant apprend réellement son **métier d'élève**, qu'il va exercer pendant de nombreuses années. Il découvre les premiers devoirs le soir (même si le travail écrit le soir est interdit par la loi, à l'école primaire, depuis 1956), les premiers apprentissages après l'école, l'utilisation nécessaire de sa mémoire, l'effort imposé, la restitution du savoir acquis dans un cadre structuré, ainsi que les premiers jugements sur son travail *via* un système de notation, du moins pour les élèves scolarisés dans le système éducatif public ou sous contrat d'association avec l'État.

Les années qui suivent sont consacrées à perfectionner et à développer cet apprentissage, avec de la conjugaison, de la grammaire, de la géométrie, des sciences de la vie, de l'histoire et de la géographie. Vient progressivement l'apprentissage d'une première langue étrangère. Un maître ou une maîtresse dispense l'essentiel de cet apprentissage chaque année des cycles II (CP, CE1) et III (CE2, CM1 et CM2).

Les enfants doivent donc se familiariser avec ce lieu où leurs parents sont absents, avec ses règles et ses rythmes. Ils découvrent une autre façon de vivre et de se comporter, différente de celle de la maison. Les parents aussi doivent apprivoiser ce nouvel univers, en profitant des occasions offertes pour s'y rendre et créer un lien avec l'enseignant.

TENIR UN DISCOURS QUI ENCOURAGE LE TRAVAIL

Le travail effectué à l'école doit être soutenu à la maison par un discours en ligne avec celui de l'enseignant, pour mieux guider l'enfant. En effet, la cohérence des discours à propos de la scolarité entre l'école et la maison dissipe tout flou dans l'esprit de l'enfant, puisque tout son entourage avance dans la même direction. Si au contraire les messages véhiculés à l'école et à la maison sont en contradiction, la compréhension de l'enfant est brouillée, il ne sait pas distinguer le bon message, ce qui le place dans une situation difficile à tenir.

FOCUS

Pour créer un lien avec l'école, il est important de profiter de toutes les occasions qui vous sont offertes pour rencontrer le corps enseignant.

UN TRAVAIL SUR L'INTELLIGENCE

L'école permet aux enfants d'apprendre. Elle leur offre la possibilité de raisonner et de se servir de leur intelligence dans des situations précises. En effet, elle leur enseigne comment faire un choix en leur donnant les moyens de comparer et d'apprécier une situation. Pour y parvenir, elle enseigne une méthode pour analyser les différences et les apprécier. Sans l'acquisition de ce savoir, tout choix ou prise de décision est une source d'angoisse pour l'enfant démuni de méthode, puisqu'il ne sait pas comment s'y prendre ni sur quels critères prendre une décision.

L'école lui offre un **accès à la liberté,** celle de **penser,** d'**agir** et de **devenir autonome.** Or pour devenir autonome, l'enfant apprend à appréhender le monde qui l'entoure, à comprendre son histoire, son fonctionnement, les raisons qui expliquent pourquoi il est tel qu'il est aujourd'hui et pourquoi il fonctionne différemment dans d'autres pays. Pour accompagner cette prise de conscience, les programmes scolaires apportent des éléments de réponses. Les cours d'histoire racontent comment le monde a évolué à travers les époques et les régions, l'influence des événements sur son orientation, les courants d'idées selon les périodes... Ainsi, les élèves peuvent visualiser son fonctionnement et comparer avec leur propre environnement. L'enseignement devient moins abstrait et leur montre que rien n'est figé, que la société actuelle fonctionnera différemment au cours des prochains siècles, que le monde est en mutation permanente. Le rôle de l'enseignement est d'aider à mettre en perspective ce qui se passe à notre époque, à comprendre que rien n'est définitif et que l'avenir est à créer. De ce fait, approcher les leçons d'histoire sous l'angle « je comprends comment le monde s'est construit jusqu'à maintenant » donne un autre point de vue sur ces cours. Avec cette mise en perspective, il devient intéressant de se repérer dans le temps, de comprendre comment les rois se sont succédé, les époques, les courants. Cette approche touche l'enfant et donne du sens à son travail car il voit ce qu'il peut y gagner. Il devient actif dans son apprentissage, curieux et, dès lors, sa mémoire fonctionne.

Les grandes acquisitions de l'école primaire

À aucun autre moment de la vie qu'au cours de sa scolarité, il n'est donné à un individu d'avoir une telle variété de sujets à appréhender. Montrez à votre enfant la richesse de ce qu'il vit, cela lui permettra de porter un regard neuf sur son environnement.

UN ENSEIGNEMENT RICHE ET VARIÉ

Si la grande diversité des apprentissages du primaire peut paraître de prime abord compliquée, un second regard permet de considérer cela comme une aubaine. Votre enfant peut en prendre conscience en réalisant qu'aucun des adultes qui l'entourent, hormis son instituteur, ne s'intéresse à autant de sujets que lui. S'il en doute, rappelez-lui que cela ne durera pas toute sa vie et que cela prendra fin lorsqu'il choisira un métier.

LES APPRENTISSAGES DES CINQ ANS DU PRIMAIRE

Ces années de primaire sont découpées en deux cycles au sein de l'Éducation nationale : CP et CE1 pour le cycle II, appelé cycle d'apprentissage

des fondamentaux, et CE2, CM1 et CM2 pour le cycle III, appelé cycle des approfondissements.

Pendant le cycle II, vous devez être particulièrement attentif à l'apprentissage de la lecture, de l'écriture et du calcul. Le suivi du travail doit être fait chaque jour dans la mesure du possible, ou repris le week-end si vous rentrez tard le soir. Après 19 heures, en effet, il est difficile de remettre un jeune enfant au travail. Cependant, des petits jeux de calcul mental montrent l'intérêt que vous portez à son apprentissage, et le rituel de la lecture du soir va transmettre le plaisir de lire à votre enfant, et contribuer à son développement. Les effets positifs de la lecture avec les parents ont été statistiquement démontrés dans l'étude PISA 2010 déjà évoquée plus haut.

Au cours du cycle III, les apprentissages vont plus loin et encouragent la réflexion, la mise en application d'une notion acquise dans différents contextes. Ce travail transmet des connaissances et habitue l'enfant à raisonner de manière variée. Par son fonctionnement, ce travail favorise un certain type d'intelligence, dite « scolaire », et « formate » les élèves au système.

Aux élèves qui peinent dans ce système scolaire, qui se sentent exclus au point de perdre confiance en eux, il est important de rappeler que les efforts paient toujours, les aider à résoudre leurs difficultés passagères et surtout les aider à prendre du recul. Ils n'ont pas assez d'expérience pour prendre ce recul, mais ils peuvent comprendre les messages de leurs parents quand ceux-ci leur expliquent que la vie d'un adulte n'est pas la même que celle d'un enfant, qu'ils ne seront ensuite plus jugés sur leurs compétences scolaires, mais sur ce qu'ils sont réellement, c'est-à-dire sur leur **intelligence** dans sa globalité, sur leur **finesse,** leur **comportement,** leur **travail,** leur **assiduité,** leur **rigueur,** leur **capacité à s'exprimer,** leur **talent artistique,** leur **créativité...** toutes ces compétences qui seront aussi valorisées car nécessaires et qui, pour le moment, ne sont pas suffisamment prises en compte dans les bulletins scolaires. Ce discours, ils doivent l'entendre pour le comprendre, cela leur évitera de le comprendre par eux-mêmes bien des années après leur scolarité.

Pour aider votre enfant à travailler le soir, après l'école, offrez-lui un **environnement de travail favorable**, c'est-à-dire un lieu pour travailler, ordonné et calme. Respectez son travail. Si vous êtes présent, rendez-vous disponible pour répondre à ses questions ; si vous ne pouvez pas être présent, pensez au système d'étude à l'école (qui n'est en aucun cas une sanction) et vérifiez le travail le soir lorsque vous rentrez.

Au primaire, un enfant ne travaille pas pour lui. Il travaille pour ses parents et pour son enseignant, pour être aimé d'eux. Pour que ce besoin soit satisfait, suivez son travail le soir ou en organisant un point récapitulatif le week-end. Votre enfant y sera sensible, et cet intérêt ira plus loin que l'aide technique sur des problématiques données, puisque c'est un temps passé à deux et que ce geste démontre l'importance de la réussite de votre enfant à vos yeux. Cela lui donnera envie d'aller plus loin et lui transmettra l'importance de la valeur travail dans votre système éducatif.

Si l'école primaire doit enseigner la lecture, l'écriture et une ouverture sur le monde, elle ne s'occupe pas de toute l'éducation d'un enfant qui, elle, va beaucoup plus loin. L'ouverture sur le monde que peuvent offrir les parents par l'échange qu'ils ont avec leur enfant,

FOCUS

Au primaire, un enfant ne travaille pas pour lui, mais pour ses parents et ses enseignants afin qu'ils soient fiers de lui. Pour cette raison, il est important de s'intéresser à son travail régulièrement, de l'encourager et de le féliciter aussi souvent que possible.

leurs retours d'expériences, les voyages, les visites et loisirs, les discussions autour des repas, dans la voiture… à propos du sport, de l'actualité, de livres, de visites culturelles, de films sont tout aussi importants et constitutifs pour l'enfant. Tout le système de valeurs de la famille est transmis pendant ces moments d'échange et de partage, par le langage verbal et non verbal.

LE LANGAGE, À LA BASE DE TOUT APPRENTISSAGE

Le primaire se concentre sur la **maîtrise du langage**, car il s'agit du **premier facteur de la réussite scolaire**. À l'écrit comme à l'oral, tout passe par les mots. Chaque mot a un sens et chaque phrase, une syntaxe qui permet de véhiculer un message. Sans la maîtrise des mots, de leur organisation, des règles de grammaire, il n'est pas possible de comprendre les consignes ou de transmettre des idées, des messages et des raisonnements de manière claire.

Dans sa complexité, la grammaire française reflète la richesse et la précision de notre langue. Dans la structure des phrases et dans le choix des mots, il est possible de gagner en rigueur dans son raisonnement, dans la précision de l'expression de sa pensée et dans la clarté de ses messages.

Sans une bonne maîtrise du langage, l'enfant démarre avec deux handicaps : celui de ne pas comprendre facilement et rapidement ce qui lui est demandé et celui de ne pas réussir à structurer son raisonnement et à exprimer ses idées.

La maîtrise de l'orthographe demande une rigueur intellectuelle qui s'acquiert à l'école primaire et se poursuit au collège. Elle commence par l'apprentissage des mots – leur signification, leur sens, leur position dans la phrase, leur rôle – et se poursuit par les règles d'accords. Or ces règles sont exigeantes et nécessitent de la part de l'enfant, qui est « programmé » pour apprendre, de jongler avec elles. Progressivement, il se familiarise avec leur utilisation dans tout type de contexte, évolue, gagne en rigueur intellectuelle. Cet apprentissage est bénéfique car il habitue l'élève à comprendre ce qui lui est demandé, avec précision, et à répondre de manière structurée et complète. Cette exigence demande à l'enfant de s'impliquer dans son travail. Pour cela, il a besoin du soutien moral de sa famille et de beaucoup de patience. Profitez de toutes les occasions pour le féliciter et l'encourager durant ces phases parfois ingrates. En plus de le valoriser, vous lui transmettrez la valeur du travail.

Une phrase correctement construite, avec les mots justes, les bons accords, l'emploi des temps adaptés, permet à son auteur de faire passer le message qu'il souhaite avec beaucoup de clarté et facilite sa compréhension. Elle est le reflet de sa pensée.

La grammaire accompagne le sens. On le voit par exemple dans la phrase « Il parle de *ses* voitures » qui a un sens différent de la phrase « Il parle de *ces* voitures ». Dans le premier cas, il s'agit des voitures qui lui appartiennent, information donnée par l'utilisation du déterminant possessif « ses », dans le second cas, il parle des voitures qu'il veut désigner par l'emploi du déterminant démonstratif « ces ». L'utilisation du déterminant modifie le sens du message.

Lorsque vous faites travailler un enfant qui n'a pas compris tous les mécanismes de l'orthographe ou de la grammaire, vous constaterez que, dès qu'il commence à les comprendre, à réaliser ses erreurs passées, à faire des connexions, il affiche toujours un sourire de satisfaction qui témoigne de son plaisir de comprendre ou de réaliser ce qu'il avait déjà pressenti sans pouvoir l'exprimer. Ce plaisir récompense ses efforts et valide une étape. Dès lors, il comprend l'intérêt de ce travail et sait pourquoi il veut aller plus loin, ce qui renforce sa motivation.

Ce travail exigeant est fait à l'école et se poursuit à la maison avec l'aide de la famille, pour que l'enfant sente que tout le monde, c'est-à-dire l'école et sa famille, avance dans la même direction. Seul un message commun aidera votre enfant à aller plus loin et à s'impliquer dans son travail, autrement il pourra ne pas comprendre quel est le vrai message pour se lancer dans ce travail difficile, et hésitera à le faire.

FOCUS

La maîtrise du langage est le premier facteur de la réussite scolaire. Tout passe par les mots. Sans une bonne maîtrise de la langue, les consignes sont souvent mal comprises et les réponses ne sont pas le reflet de la pensée de l'enfant.

Aidez votre enfant à progresser

La lecture est l'un des piliers de l'école primaire, avec l'écriture et le calcul. Si l'essentiel de ces apprentissages se fait durant les heures de classe, votre rôle de parent est primordial pour aider votre enfant à « apprendre à apprendre ».

AIDEZ-LE À PROGRESSER EN LECTURE

L'apprentissage se fait dès le CP, avec la lecture des lettres, la maîtrise de l'alphabet puis des sons comme « en », « on » et enfin des sons plus complexes comme « ion » ou « oin », qui ne sont pas simples à enseigner pour les professeurs ni à comprendre pour les élèves. Il faut saluer le travail fait par les enseignants, ainsi que leur patience. À la maison, les parents doivent accompagner ce travail en aidant l'enfant dans ses devoirs et en les reprenant avec lui le week-end.

Il arrive que, avec l'apprentissage de la lecture, on découvre des problématiques liées à la vue de l'enfant, ou de légères dyslexies, voire parfois des dyslexies plus complexes. En cas de doute, commencez par demander l'avis de l'enseignant puis de votre pédiatre afin qu'il vous oriente ou non vers un orthophoniste et/ou un ophtalmologue voire un orthoptiste qui peut détecter d'éventuels troubles neurovisuels. La plupart du temps, ces difficultés, notamment de dyslexie, se corrigent facilement avec des exercices précis connus des orthophonistes, et qui sont à reprendre à la maison. Plus le trouble est détecté tôt, plus il est facile à corriger, surtout pour les troubles mineurs. De plus, une bonne prise en charge évite que l'enfant ne se décourage.

L'apprentissage de la lecture peut être accompagné par les parents de deux manières différentes. La première, par l'exemple et la transmission du goût de lire et la seconde, par de l'entraînement. Pour transmettre le goût de la lecture, les parents peuvent lire chaque soir quelques pages de contes ou de livres adaptés aux enfants, avec eux. Ce rituel accompagne le plus souvent le moment où l'enfant se met au lit. Il s'habitue à voir les phrases qu'il entend, ce qui lui donne envie de les décrypter pour les lire à son tour et comprendre le sens de l'histoire qui lui est lue.

Pour choisir des livres adaptés à l'âge de votre enfant, adressez-vous à la bibliothèque locale, à l'enseignant ou à la librairie de votre quartier qui vous indiqueront quels livres plaisent aux enfants. Les contes de Perrault ou de Grimm, repris ou adaptés, ont toujours beaucoup de succès et font partie de la culture générale de tout un chacun.

Ensuite, progressivement, lisez une page ou deux, puis laissez votre enfant lire une page à son rythme, en vous assurant qu'il comprend ce qu'il lit. Reprenez-le doucement sur les erreurs de lecture, faites-lui relire la phrase si elle n'est pas comprise. Pour ne pas rompre la spontanéité du moment, il est parfois préférable de ne pas l'interrompre tant qu'il n'a pas terminé, vous éviterez ainsi de le décourager ou de le crisper. L'apprentissage de la lecture est vraiment difficile et demande beaucoup d'entraînement.

En dehors de ces moments, accompagnez le travail de lecture demandé à l'école, assis au bureau de l'enfant (ou à la table où il fait ses devoirs), car c'est un moment de travail et non la lecture du soir. Faites-lui relire la phrase jusqu'à ce qu'elle soit parfaitement lue, puis assurez-vous qu'il l'a bien comprise.

Dans les années qui suivent, aux CE et CM, encouragez en permanence la lecture, assurez-vous que votre enfant a toujours un ou deux livres à lire, que vous aurez choisis avec lui, et demandez-lui de vous raconter l'histoire.

Pour le pousser à lire, n'hésitez pas à mettre en place un système de récompenses, par des points gagnés pour la lecture de chaque livre, proportionnellement à sa difficulté, à la taille des caractères, au nombre d'illustrations... et pour un livre plus compliqué, un bonus de points peut être affecté une fois le livre terminé. Ces points seront ensuite convertis en cadeaux, selon une grille de conversion que vous aurez au préalable établie avec votre enfant. Ce système de récompenses motive énormément les enfants qui y voient une retombée positive et tangible de tous leurs efforts.

La maîtrise du langage est le principal facteur de la réussite scolaire. Ce travail sur la lecture en est la première pierre, puisqu'elle permet à l'enfant de comprendre le sens de ce qu'il lit et, par la suite, le sens de la consigne qu'il devra respecter.

La lecture permet à l'enfant d'acquérir du vocabulaire, pour gagner en compréhension, richesse d'expression et précision de sa pensée. Ce travail l'habitue également à lire des phrases bien construites, bien écrites et bien orthographiées, ce qui va l'aider à mieux s'exprimer à l'écrit comme à l'oral, et à voir des phrases sans fautes d'orthographe, pour mieux repérer ces dernières dans ses dictées.

En conclusion, il n'y a que des bénéfices à travailler sur la lecture. Cela demande de la patience, mais le jeu en vaut la chandelle.

ENTRAÎNEZ-LE À AMÉLIORER SON ÉCRITURE

En classe maternelle, l'enfant apprend à tenir un crayon puis un stylo, à écrire des lettres, à recopier des mots. Dès le CP, l'enfant apprend à lire et à comprendre des mots, puis à les écrire. Il est important d'avoir un regard sur la qualité de son écriture et la tenue de son stylo. L'enfant doit se soumettre à cet exercice pour apprendre à écrire correctement. Le week-end, demandez-lui de faire quelques lignes d'écriture à partir d'un cahier d'exercices ou d'un cahier normal dans lequel vous aurez écrit vous-même la lettre à recopier sur toute la ligne, ou la syllabe, voire le mot.

Il est possible de détecter un problème de dyspraxie (incapacité à exécuter correctement certains mouvements en l'absence de trouble musculaire ou nerveux) au cours de cet apprentissage lorsque l'effort est trop important pour l'enfant, ou si vous estimez que le résultat est très en deçà de vos attentes. Si vous êtes confronté à cette difficulté, prenez rendez-vous avec l'enseignant pour avoir son avis, et parlez-en à votre pédiatre pour avoir aussi son point de vue. Ils sauront vous rassurer ou vous orienter, notamment vers un psychomotricien ou un ergothérapeute spécialisé.

Petit conseil

Il existe de nombreux cahiers d'entraînement pour s'habituer à écrire correctement, comme *Cahiers d'écriture Graphilettre* (Magnard), *Cahier d'écriture* (Boscher), *Des jeux pour bien écrire* (Retz).

FAITES-LUI ACQUÉRIR DU VOCABULAIRE

À partir du CE1, les élèves apprennent des listes de vocabulaire qu'ils doivent restituer sans se tromper. L'apprentissage d'une liste de vocabulaire ne se fait pas en une seule fois mais en quatre ou cinq, si l'on veut qu'il soit acquis dans la durée. Comme l'enfant sera jugé à l'écrit, il doit l'apprendre par cœur et savoir l'écrire. Tout d'abord, au moins trois jours avant l'évaluation, l'enfant doit le lire, puis le recopier sur un cahier de brouillon. Ensuite, les parents doivent l'interroger par écrit, dans le cadre d'une dictée de mots, et lui faire reprendre les mots non acquis, puis recommencer à l'interroger chaque jour jusqu'à l'interrogation, afin qu'ils soient parfaitement acquis.

Pour certains mots difficiles, voire pour tous les mots, utilisez un petit carnet de vocabulaire dans lequel vous noterez les mots à connaître en bleu, avec en rouge la partie du mot sur laquelle il se trompe, comme dans l'exemple donné ci-contre. Afin de faire travailler sa mémoire visuelle et auditive, l'enfant devra lire le mot, puis l'épeler à voix haute. Ensuite, vous cacherez le mot et il devra l'épeler à voix haute sans le voir. Enfin, il devra recommencer, cette fois les yeux fermés. Ce travail va lui permettre de retenir le mot compliqué, puis une révision par écrit de tous les mots, chaque jour jusqu'à l'interrogation, lui permettra de les maîtriser au bout des trois jours. Cette révision peut avoir lieu le soir mais aussi le matin, avant d'aller à l'école. Cela ne prend que quelques minutes et c'est très efficace, à condition d'avoir prévu ce temps de révision dans la préparation de la journée, pour ne pas ajouter de stress supplémentaire.

Enfin, la lecture est un élément clé pour la progression en vocabulaire. L'enfant voit, lit et comprend de nombreux mots. Doucement, il s'habitue à l'orthographe des mots et les retient, il peut même parfois être surpris par l'écriture de certains mots, jusqu'à s'interroger sur leur orthographe.

AIDEZ-LE À APPRENDRE UNE POÉSIE

L'apprentissage d'une poésie est un exercice complet et très intéressant pour un enfant. Ce travail permet d'exercer la mémoire mais aussi le langage. En effet, le poète s'exprime avec des métaphores, des images, des mots à plusieurs sens, des rimes, des rythmes pour accompagner le sens. L'enfant aura sans doute du mal à comprendre le poème au début, d'où l'importance de l'accompagner dans cette phase-là. Ensuite, le travail sur la mémoire se fera en s'appuyant sur le sens du texte.

Le dessin qui est habituellement demandé par l'enseignant permet à l'enfant d'exprimer graphiquement le sens et l'atmosphère qu'il a perçus du texte. C'est un moyen d'expression supplémentaire qui montre ce qu'il a compris.

Une poésie doit s'apprendre en plusieurs fois, par morceaux. Souvent, il est facile de la découper en fonction des strophes. Si tel n'est pas le cas, il faut définir des blocs de quatre ou cinq vers à apprendre chaque jour. Ceux appris la veille seront révisés chaque jour lors de l'apprentissage des nouveaux vers, jusqu'à la veille de la date butoir. Les deux derniers jours sont nécessaires pour que le texte soit revu dans son intégralité et pour y mettre le ton et les intonations, car une poésie ne se récite pas mécaniquement, il faut la faire vivre avec le ton, voire les gestes. Débutez l'apprentissage dès que l'enseignant donne la poésie à votre enfant.

FAITES-LE PROGRESSER EN RÉDACTION

Le travail de rédaction est avant tout un travail d'expression. Ce travail d'écriture peut se préparer à l'oral, pour être par la suite appliqué à l'écrit. Dans la vie quotidienne, habituez votre enfant à s'exprimer le plus justement possible, c'est-à-dire en trouvant le mot pertinent, qui précise le mieux possible sa pensée, et en formant des phrases correctes, avec les bons temps et les bons accords. Fait au quotidien, ce travail porte ses fruits en habituant l'enfant à faire des efforts pour bien s'exprimer, à chercher et à mémoriser les termes qui correspondent le mieux aux idées qu'il souhaite transmettre.

Ensuite vient le travail d'expression écrite, qui pousse l'exercice jusqu'à donner un ordre chronologique au récit, à choisir le temps qui convient et à guider le lecteur. Pour aider votre enfant dans ce travail, demandez-lui de raconter une histoire par écrit, en cinq à dix lignes. Ensuite, reprenez-la avec lui pour l'aider à se poser les questions sur la raison pour laquelle il donne une information, pourquoi il passe du présent au passé et du passé au futur. Cela l'aidera à comprendre ce qui est incohérent dans son récit, pour ne pas recommencer la fois suivante (ou celle d'après...).

Ensuite, d'une courte histoire il pourra faire le résumé d'un chapitre de lecture. Vous reprendrez ce travail en lisant à voix haute pour qu'il entende comment il s'est exprimé, puis vous lui demanderez si c'est bien comme cela que ça s'est passé. Vous chercherez à savoir s'il y a une différence importante entre ce qu'il a exprimé et ce qu'il aurait aimé dire sans y être parvenu. Enfin, vous pourrez reprendre avec lui l'idée qu'il a voulu transmettre pour l'aider à pousser son raisonnement et, une fois de plus, exprimer sa pensée réelle. Ce travail est complexe mais il accompagne le développement intellectuel de l'enfant, qui gagne ainsi en rigueur dans ses raisonnements, en prenant conscience que ce qu'il exprime n'est pas forcément en lien avec ce qu'il pense, et que ce défaut dans la communication doit être corrigé, pour lui permettre de mieux s'exprimer pour être mieux compris.

Ce travail d'accompagnement demande de la disponibilité de la part des parents, et beaucoup de bienveillance tant le sujet peut être sensible chez l'enfant, car il faut éviter qu'il ne se vexe ou ne se bloque. Un regard agacé lui donnerait une mauvaise image de lui-même.

AIDEZ-LE À MAÎTRISER LA CONJUGAISON

Un enfant n'a pas la même notion du temps qu'un adulte. Pour un enfant, il y a le présent, c'est-à-dire maintenant, le futur qui est à court terme, dans l'heure qui suit, et le passé, qui est déjà loin. Il n'y a pas de nuance entre le futur proche et le futur lointain, ni dans le passé. Souvent, une fois la soirée commencée, un enfant a du mal à raconter sa journée, puisque plusieurs heures se sont écoulées depuis son retour de l'école et qu'il est désormais passé à autre chose.

Il faut tenir compte de cette réalité avec un enfant lorsque l'on travaille la conjugaison. Par exemple, le mot « futur » n'est pas souvent tangible. Pour l'aider à réciter le futur, habituez-le à dire « demain, je » + le verbe. Par exemple, lorsque vous lui demandez de réciter le verbe « faire » au futur, dites-lui « demain je... » et il sera lancé pour réciter son verbe alors qu'au départ, il ne comprenait pas bien la question.

Petit conseil

Lorsqu'une difficulté est récurrente chez l'enfant, n'hésitez pas à utiliser des manuels d'exercices spécifiques, comme la collection *Bled, Cahier du jour, cahier du soir* (Magnard) ou *Améliorer sa conjugaison*, coll. « Mini-Chouette » (Hatier).

Il en est de même pour faire réciter les verbes au passé, avec « hier, je » + le verbe. Au primaire sont étudiés plusieurs temps du passé : l'imparfait, le passé composé et le passé simple. Pour l'aider à distinguer l'imparfait du passé composé, rappelez-lui que le passé ***composé*** est *composé* de deux mots. C'est le seul qui a deux mots, l'auxiliaire (être ou avoir) au présent, et le participe passé du verbe (qui participe à mettre ce verbe au passé, puisque la première partie est au présent). « Alors, le verbe que tu viens de conjuguer au passé a-t-il deux mots ? Non, ce n'est donc pas le passé composé. Quel temps viens-tu de conjuguer ? »

L'utilisation d'un temps plutôt que d'un autre sera abordée au collège. Pour le moment, l'enfant doit connaître ses verbes, savoir les conjuguer aux principaux temps de l'indicatif et de l'impératif, et savoir reconnaître les groupes.

FAITES-LUI TRAVAILLER LA GRAMMAIRE

Pendant des siècles, dans la Grèce antique, la grammaire a été considérée comme la « discipline mère de toutes les autres ». Depuis, elle s'est vu progressivement malmener pour être parfois considérée comme une discipline « maudite », tant elle impose d'efforts pour être acquise. Or comprendre, c'est avoir assimilé toutes les règles de syntaxe, de conjugaison, d'accords, etc., pour appréhender le message. La grammaire va bien au-delà de l'orthographe. Il s'agit de travailler sur le **sens des phrases** en apprenant à maîtriser la technique pour l'utiliser. Par cet apprentissage, l'enfant travaille directement sur sa propre intelligence et s'ouvre sur le monde.

La grammaire est un outil indispensable pour comprendre et apprendre, car elle est omniprésente. Et pour cause, elle est nécessaire partout, même lorsqu'elle est « cachée ». Elle sert toutes les disciplines, au point que l'on n'y prête plus attention. Elle ordonnance les données à comprendre et influe sur leur sens. Sans une grammaire maîtrisée, le texte perd sa compréhensibilité et surtout son sens. Le message ne passe pas. La communication ne se fait pas.

Souvent, les enfants n'ont absolument pas conscience de son importance ni de la nécessité de s'y intéresser pour eux-mêmes afin d'en faire un apprentissage prioritaire. Vous pouvez leur rappeler son rôle et ils la verront autrement. Ils comprendront que sans la grammaire ils passent à côté des consignes qui leur sont données et ils ne peuvent pas avancer. Sans la grammaire, ils ne peuvent pas s'exprimer correctement

Petit conseil

Voici des exemples de manuels pour travailler des règles spécifiques à la grammaire et à la conjugaison :

- *Bled Junior*, ou la collection de Bled par niveaux (CP-CE1, CE2, CM1-CM2), Hachette. Les exercices sont de très bon niveau.
- *Améliorer sa grammaire*, Hatier, coll. « Mini-Chouette », par niveaux.
- *600 exercices de grammaire pour l'expression*, Hachette Éducation.
- Coll. « Cahier du jour, cahier du soir », *Français*, Magnard, par niveaux.

ni être compris des autres. Ils ne peuvent pas non plus écrire sans faire de fautes. Ce nouveau regard pourra peut-être la leur faire aimer et les aider à travailler sur leur propre intelligence.

Aujourd'hui, au collège, l'apprentissage de la grammaire est confié aux professeurs de français. Mais les professeurs de mathématiques pourraient s'en préoccuper, tant les énoncés des problèmes de cette discipline s'appuient sur un langage précis, avec le respect des règles grammaticales, pour permettre de comprendre le sens des énoncés ou des consignes sans créer de confusion. Alors n'hésitez pas à passer du temps avec votre enfant sur la grammaire, car elle est fondamentale. C'est la meilleure alliée de l'activité intellectuelle de chacun, et c'est pour cette raison qu'elle doit être maîtrisée par tous ceux qui souhaitent grandir intellectuellement, comprendre et apprendre tous les jours. Les parents ou l'école ne pourront jamais en faire l'impasse dans l'accompagnement du développement intellectuel des enfants.

Pour l'aider à progresser, repérez les erreurs fréquemment commises par votre enfant, puis cherchez les pages d'exercices dans un manuel comme ceux cités ci-contre et faites-les-lui faire. Ainsi, vous avancerez en éliminant chaque fois une difficulté.

Par exemple, si votre enfant bloque systématiquement sur les règles du participe passé employé avec les auxiliaires être ou avoir, prenez la page concernée dans le manuel et faites-lui faire plusieurs exercices d'application. L'entraînement l'aidera, il verra tous les cas dans lesquels la règle s'applique, s'y habituera sans être dérangé par d'autres règles, et cela lui montrera que le travail paie toujours, puisqu'il progressera et gagnera en confiance, au moins sur cette partie-là.

AIDEZ-LE À PROGRESSER EN ORTHOGRAPHE

En théorie, un élève ne devrait pas quitter l'école primaire sans savoir écrire correctement. Malheureusement, la réalité est bien différente. Le travail de dictée est fondamental dans cet apprentissage, d'autant que c'est principalement une question d'entraînement.

En effet, dans une phrase, de nombreuses règles d'accords, de conjugaison et de grammaire sont appliquées. Ces règles sont étudiées en classe puis mises en pratique dans le cadre d'exercices spécifiques sur la règle. Cependant, l'emploi de ces règles dans un contexte autre que l'exercice d'application pure et simple, c'est-à-dire dans un exercice d'expression écrite ou dans une dictée, nécessite aussi beaucoup d'entraînement.

À notre sens, il faudrait qu'un enfant fasse chaque semaine au minimum une dictée (préparée ou non) ou une autodictée pour progresser et arriver en fin de primaire avec un niveau satisfaisant : ce n'est qu'en s'entraînant quotidiennement qu'un enfant peut faire de réels progrès, qui lui seront utiles tout au long de sa vie. En effet, une mauvaise orthographe est un élément discriminant dans une vie d'adulte. De plus, ce type d'entraînement contribue à l'éveil intellectuel de l'enfant, tant le nombre de cas à considérer est important.

Si vous souhaitez faire progresser votre enfant en dictée, il n'y a qu'une seule approche : l'entraîner à cet exercice plusieurs fois par semaine. Hachette Éducation propose le livre *450 Dictées CM* avec des dictées quotidiennes très courtes, pour en faire quelques minutes chaque jour. Ensuite, vous relisez la dictée avec votre enfant à voix haute, en expliquant chaque fois la règle utilisée puis en lui faisant corriger ses erreurs et en lui faisant trouver pour quelle raison il y a une faute. Lorsque les fautes reviennent régulièrement, par exemple pour l'écriture des homophones ces/ses/c'est/s'est, quand/quant/qu'en, sans/s'en/cent, et/est, a/à, etc., n'hésitez pas à prendre un livre spécialisé comme le *Bled Junior* (Hachette), la collection « Cahier du jour, cahier du soir » (Magnard) ou encore les manuels « Mini-Chouette » de Hatier, déjà cités, et à faire des exercices de mise en situation. Photocopiez la page et faites-lui remplir les blancs, ou faites-le écrire directement sur les manuels prévus pour cela.

Seul un entraînement régulier habituera votre enfant à jongler avec toutes les règles de la langue française, et lui permettra de comprendre le sens d'une phrase, ainsi que la raison pour laquelle il doit utiliser une règle plutôt qu'une autre. Si par exemple dans une phrase il doit écrire « travail », il devra définir si ce mot s'écrit « travaille » avec deux « l », car c'est le verbe qui est conjugué, ou « travail » avec un seul « l » car c'est le nom qui est employé. Sans la compréhension du sens de la phrase ni la connaissance des règles de syntaxe, il est compliqué de savoir comment écrire ce mot, puisqu'il se prononce de la même manière. Pour y parvenir, cela demande, tout comme pour l'apprentissage de la lecture, beaucoup d'entraînement.

L'exercice d'autodictée, c'est-à-dire de petites dictées apprises par cœur et récitées à l'écrit, permet aussi à l'enfant d'apprendre les mots, de se demander quelle est la règle utilisée et de s'habituer à l'utiliser. N'hésitez pas à lui en faire faire une de temps en temps, car l'exercice est très bénéfique dans la démarche de progrès en dictée. Vous en trouverez plusieurs par niveaux en suivant le lien http://www.classegym.fr/crbst_79.html. Tout ce travail demande de votre part une forte implication, mais vos efforts – et surtout ceux de votre enfant – seront récompensés.

MONTREZ-LUI COMMENT APPRENDRE UNE LEÇON D'HISTOIRE

Pendant le primaire, des cours d'histoire sont dispensés par l'enseignant, qui explique comment les événements se sont déroulés et enchaînés. Ces notions sont complexes à comprendre, car somme toute abstraites et anciennes. Or l'enfant a du mal à se représenter le passé, qui est lui-même une succession d'époques. Pour cela, il faut l'aider à se repérer dans le temps et lui expliquer que le monde, tel qu'il le connaît aujourd'hui, est le résultat de tout ce qui s'est produit au fil du temps. Le monde a été différent selon les périodes. La connaissance de l'histoire au travers des époques l'aidera à se repérer dans celle dans laquelle il vit, à comprendre pourquoi certaines choses sont ainsi faites et seront différentes plus tard. C'est aussi pour lui une formidable ouverture sur le monde.

Pour l'aider à se repérer dans le temps, n'hésitez pas à réaliser avec lui une frise du passé. Commencez par y placer les trois grandes époques : l'Antiquité (de l'invention de l'écriture vers 3500 av. J.-C. à la chute de l'Empire romain en 472), le Moyen Âge (de la chute de l'Empire romain à la découverte de l'Amérique en 1492) et les Temps modernes, époque actuelle qui a démarré avec la découverte de l'Amérique. La préhistoire est trop ancienne et longue pour tenir sur cette frise.

Ensuite, positionnez sur la frise la période sur laquelle il travaille et faites-lui dire à quelle grande époque la période étudiée s'est déroulée, ainsi que ce qui s'est passé avant et après, pour qu'il s'habitue à se repérer dans le temps. Imprimez des images des personnages clés du moment concerné pour les lui faire coller sur la frise.

L'apprentissage de l'histoire sans ces repères temporels est un exercice très difficile, car il pousse par la suite à mélanger les époques et à voir l'histoire dans un grand flou artistique. C'est un réel avantage pour votre enfant si, au collège, il dispose de ces repères. Il s'appuiera dessus.

Une fois que la leçon en cours d'apprentissage est positionnée dans son époque, demandez-lui, à l'aide de son cours, de vous expliquer ce qui s'est passé, pourquoi et comment. N'hésitez pas à revoir ces périodes en consultant les informations disponibles par exemple sur Wikipédia (dont les informations, dans ce domaine en tout cas, sont généralement correctes). Dès que les événements et leur enchaînement sont clairs, en somme dès qu'il a bien compris sa leçon, demandez-lui de l'apprendre et vous la lui ferez réciter chaque soir jusqu'à l'interrogation.

La leçon doit être sue par cœur, car cela habitue l'enfant à apprendre des phrases bien construites, avec un vocabulaire précis et sélectionné par des pédagogues.

Ce cours d'histoire fait partie de la base de la culture sur laquelle votre enfant va se construire. La lui expliquer et réexpliquer l'aidera à prendre du recul, à donner du sens et à mieux apprécier cette matière. Une fois encore, cet accompagnement demande de la patience et beaucoup d'implication.

FOCUS

Pour aider votre enfant à se repérer dans le passé, définissez avec lui un repère par siècle. Il doit être capable de positionner chaque siècle dans l'une des grandes périodes de l'histoire.

AIDEZ-LE À BIEN CONNAÎTRE LA GÉOGRAPHIE

Tout comme l'histoire, la géographie permet à l'enfant de mieux appréhender le monde qui l'entoure. Un enfant capable de repérer les principaux pays et de les placer sur une carte sera à même de comprendre les enjeux géopolitiques qui lui seront expliqués, au collège, dès la 5e-4e. Cet apprentissage sera facilité par un planisphère que vous pouvez afficher dans la chambre de votre enfant. Autre solution, offrez-lui un globe terrestre, il en existe pour tous les budgets. Montrez-lui les continents, les pôles, les grands pays, les méridiens, les parallèles. Situez la France et les principaux pays d'Europe, aidez-le à repérer les pays où vous avez voyagé en famille, etc. Peu à peu, les grandes « masses » des pays et des océans s'inscriront dans sa mémoire. Cet apprentissage, souvent négligé, est pourtant essentiel et très ludique, les enfants étant généralement curieux de découvrir le monde. De plus, ils sont souvent surpris lorsqu'ils comparent la taille de la France à celle d'un continent comme l'Afrique, par exemple. Offrez-lui aussi un atlas des pays, il en existe de très nombreux, qui permettent aux enfants de découvrir la vie d'enfants d'autres pays (par exemple *Pays et enfants du monde*, Unicef/Nathan).

AIDEZ-LE À BIEN DÉBUTER EN ANGLAIS

À l'école primaire, les enfants sont initiés à une langue étrangère – généralement l'anglais. L'approche varie selon les écoles, l'objectif étant de les sensibiliser très tôt à une langue afin qu'en 6e ils puissent progresser vite. Dans l'apprentissage d'une langue, le fait qu'un enfant soit plutôt un « visuel » ou un « auditif » est important : l'enfant « auditif » mémorisera mieux les mots et les phrases (voir p. 58).

Il n'y a pas de recette pour apprendre une langue, et les différents organismes qui le font ont des approches qui leur sont souvent propres. Cependant, les fondamentaux restent les mêmes, à savoir qu'une langue étrangère est constituée de vocabulaire, de règles de grammaire et de règles de conjugaison.

Pour aider votre enfant à progresser en anglais, vous devez l'aider à apprendre et à retenir du vocabulaire, afin qu'il commence à comprendre les mots, puis lui montrer où se trouve le verbe et comment il se conjugue. Progressivement, les règles de syntaxe seront transmises.

Lorsque vous accompagnez ce travail, prévoyez un carnet de vocabulaire dans lequel, sur chaque page, vous tirez un trait vertical de manière à avoir deux colonnes identiques. Dans la colonne de gauche, écrivez le nouveau mot de vocabulaire en anglais, et dans la colonne de droite, sa traduction en français. Ainsi il sera simple, en cachant une colonne, de revoir le vocabulaire appris. Vous pourrez aisément interroger votre enfant dessus. Vous pouvez aussi noter le vocabulaire dans un petit répertoire afin de privilégier un classement alphabétique, qui peut être pratique pour retrouver facilement un mot oublié.

Cette méthode sera très utile à votre enfant pour le collège, lorsque la quantité de vocabulaire à apprendre sera plus importante.

LE SAVIEZ-VOUS ?

Pour débuter en anglais, il existe plusieurs supports ludiques que vous pouvez vous procurer afin de travailler cette langue avec votre enfant le soir ou le week-end. Voici quelques exemples de méthodes d'initiation à l'anglais :

- Méthode *Pas@pas* (Hatier), aidée pour la partie audio du site Internet http://www.hatierpasapas.com/anglais.html. Une énigme à résoudre.
- Méthode *Je découvre l'anglais en voyageant avec Alice et Jérémy* (Bordas), accompagnée d'un CD pour la partie audio.

FAITES-LUI APPRENDRE SES TABLES DE MULTIPLICATION

L'apprentissage des tables de multiplication est souvent une tâche ardue pour l'enfant car il doit les apprendre sans s'appuyer sur le sens. On peut toujours essayer de lui expliquer les raisonnements mathématiques mais *in fine*, il lui faudra néanmoins apprendre par cœur quelque chose qui n'a – en apparence du moins – aucun sens. Cet apprentissage doit se faire en douceur, comme pour une poésie. Un petit peu chaque jour, et réviser tout le temps ce qui a été appris précédemment afin que ces tables deviennent un automatisme. Lorsque l'enfant bloque, ce qui arrive souvent, on peut s'intéresser de plus près à son profil cognitif, à savoir s'il est plutôt visuel ou plutôt auditif (voir p. 58). S'il est visuel, utilisez des fiches au format A4, une par table, pour l'aider à les mémoriser, et faites-les-lui réviser à partir de fichiers à trous ou de feuilles blanches. S'il est auditif, optez pour

Petit conseil

- Vous pouvez vous procurer un CD – il en existe plusieurs. Par exemple, *Les tables de multiplication avec 19 exercices de révision*, de Muriel Louveau (Arb Music), ou *Les tables de multiplication en chansons*, par Bézu et la petite classe (ce dernier est pour l'instant disponible uniquement en téléchargement).
- Côté livres, vous avez l'embarras du choix. En voici deux : *J'apprends les tables de multiplication* de Paul de Becker (Chantecler) et *Champion des tables de multiplications*, publié par Langue au chat (coll. « Les Petits Génies »).
- Pour varier les plaisirs, il existe des jeux de cartes spécifiques, comme ce « Jeu de multiplication – Monstres » (Playbac), qui est plutôt amusant.
- Sur Internet, il existe des mini-jeux ludo-éducatifs gratuits pour apprendre ses tables : http://www.logicieleducatif.fr/math/calcul/tablesmultiplication.php

l'apprentissage en chansons, à partir d'un CD de tables chantées (voir encadré page précédente). Il peut les répéter inlassablement jusqu'à ce qu'il les mémorise ; par ailleurs, faites-lui faire régulièrement une révision complète de ses tables. Vous pouvez aussi prendre les tables dans le désordre et les faire remplir à votre enfant chaque fois qu'il fait des erreurs de calcul, car une mauvaise maîtrise des tables est pénalisante pour la suite, dans la réalisation d'exercices et de calculs compliqués, et ajoute à leur difficulté. Il n'y a pas de honte à revoir ses tables, surtout quand cela lève un frein, même des années après l'école primaire. Il est fréquent qu'en fin de collège il soit utile de faire une révision systématique des tables de multiplication.

Vous pouvez aussi créer un jeu pour aider votre enfant à réviser. Préparez des petits morceaux de papier et sur chacun d'eux, écrivez une opération (4 x 3, par exemple). L'enfant tire au sort et quand il répond juste 10 fois de suite, il gagne une petite récompense.

FAITES-LE PROGRESSER EN OPÉRATIONS

Savoir calculer avec aisance est l'un des piliers de l'école primaire. Il est donc essentiel de faire des calculs très régulièrement, pour s'entraîner et gagner en vitesse et en rigueur. Au collège, les professeurs ne reviendront pas dessus.

Pour bien calculer, il faut maîtriser ses tables d'addition, de soustraction et de multiplication. L'enfant doit les apprendre puis les revoir jusqu'à ce qu'il les connaisse parfaitement. S'il utilise ses doigts pour compter, ce n'est pas grave mais, vers le CM2, il doit être suffisamment rodé pour ne plus avoir à s'en servir. Il sait parfaitement que 7 moins 3 donnent 4 sans avoir à utiliser ses doigts. Si ce n'est pas le cas, il faut l'entraîner encore et encore, jusqu'à ce qu'il soit parfaitement à l'aise.

Pour cet entraînement, il n'y a pas de secret, il faut faire plusieurs fois par semaine des exercices d'application, soit sur papier libre, soit en utilisant des manuels d'exercices. S'il fait entre trois et cinq opérations trois ou quatre fois par semaine, votre enfant deviendra un champion. Quelques récompenses symboliques permettront d'encourager ses efforts.

> **Petit conseil**
>
> Les manuels par niveaux, *Opérations*, (coll. « Les élémentaires », Magnard) ou encore *Cahier d'opérations* par niveaux et par types d'opération (Bordas) sont de bons supports pour faire travailler votre enfant.

ENTRAÎNEZ-LE AU CALCUL MENTAL

Des additions simples aux multiplications compliquées, aider votre enfant à apprendre à calculer mentalement, c'est lui faire un cadeau pour la vie. Tout d'abord il se familiarisera avec les chiffres, puis il s'habituera à retrouver les ordres de grandeur qui lui permettront de faire la distinction entre un résultat qui a l'air juste et un résultat incohérent. Dans la vie de tous les jours, le calcul mental l'aidera à réagir vite.

Pour calculer mentalement, les enseignants transmettent différentes méthodes, comme celle de passer par les dizaines et d'ajouter ou de retrancher selon les cas. Quelle que soit la méthode, elle nécessite de connaître parfaitement ses tables d'addition et de multiplication, à revoir en permanence.

Aidez votre enfant à les connaître sur le bout des doigts en l'interrogeant régulièrement, en posant des listes d'additions simples puis compliquées, de multiplications simples puis compliquées, de soustractions simples puis à retenue. Quand les opérations sont bonnes, félicitez-le, quand il y a une erreur, faites-le recommencer. S'il peine, donnez-lui des opérations plus simples et augmentez progressivement la difficulté. Quelques minutes par jour suffisent, ne forcez pas, la régularité est un plus.

Dans la vie de tous les jours, vous pouvez entraîner votre enfant à vérifier la monnaie ; demandez-lui par exemple combien la boulangère doit vous rendre si vous achetez un gâteau à 6 euros et une baguette à 1 euro et que vous lui donnez 10 euros.

Si la création d'exercices ne vous emballe pas, vous pouvez faire appel à des manuels, en demandant à votre enfant de faire cinq exercices chaque jour. Cela ne lui prendra que quelques minutes. Pour le motiver, n'hésitez pas à lui donner quelques incitatifs (système de points, récompenses diverses en fin de semaine...), car cela lui demandera des efforts et la récompense à long terme – c'est-à-dire savoir calculer – ne sera pas suffisamment forte et tangible pour le pousser à s'y mettre.

Petit conseil

Voici quelques cahiers d'exercices :

- *Calcul mental*, coll. « Chouette », hors-série, 7-11 ans, Hatier.
- *Le calcul mental, c'est un jeu*, 7-9 ans, Retz.
- *1 000 exercices de calcul mental*, CE2-CM, Hachette Éducation.

AIDEZ-LE À RAISONNER ET À RÉSOUDRE DES PROBLÈMES

Il semblerait, à écouter les témoignages des parents, que la population soit divisée entre les matheux et les non-matheux. Et ce phénomène se transmettrait de génération en génération. Certains sont nés avec la bosse des maths, d'autres non, c'est comme ça, on ne peut rien y faire.

Ce point de vue n'est fondé sur rien de concret. S'il existe de multiples blocages en mathématiques, bien ancrés, ils ne sont pas dus à une inaptitude ou à une incapacité à réussir en mathématiques. Dans cette matière, l'esprit d'abstraction dont on parle tant pour justifier son incapacité à réussir n'est vraiment nécessaire que bien au-delà du baccalauréat. Jusqu'au baccalauréat, le travail permet de réussir, à condition que les parents parviennent à se réconcilier eux-mêmes avec cette matière et qu'ils ne transmettent pas à la maison l'idée que leur famille n'est pas matheuse et ne l'a jamais été. Dans ce cas, il est à parier que l'enfant sera à son tour bloqué.

J'ai souvent fait le constat que les littéraires étaient en mesure de structurer leur pensée, leur argumentation et leur raisonnement bien mieux que certains matheux, tant l'exercice d'expression écrite est complexe. Il demande d'avoir appréhendé une problématique, de l'avoir comprise, résolue et d'y répondre. Cela va bien au-delà de ce qui est demandé en mathématiques, où la partie rédaction reste la plupart du temps très minimaliste. Cette réflexion a pour but de dédramatiser les mathématiques car, objectivement, si on enlève toute l'appréhension qui l'entoure, tout individu normalement constitué et travailleur, qui a conscience que c'est faisable, est en mesure d'avoir de bonnes notes en mathématiques, au moins jusqu'au bac.

Une fois la problématique familiale résolue et les mathématiques dédramatisées, comment aider l'enfant, au primaire, à structurer son raisonnement et à résoudre des problèmes ?

Les mathématiques commencent avant tout par du français, puisque la consigne est rédigée en français. Elle mérite toute l'attention de l'enfant car, la plupart du temps, elle n'est pas évidente à comprendre. Aidez votre enfant à la lire sans se précipiter et à ne pas se jeter sur les calculs sans y avoir réfléchi à deux fois : la précipitation pousse à passer à côté de la question ou à répondre à une question non posée, alors que l'enfant avait bien appréhendé la problématique. Cela aboutit à une mauvaise note qui n'est pas le reflet d'un raisonnement mathématique non compris mais d'une lecture imparfaite. Là se trouve le nœud de la plupart des blocages en mathématiques. Là se trouve une clé importante de déblocage.

Pour corriger ces erreurs courantes, il faut entraîner l'enfant à lire correctement l'énoncé, à y réfléchir et à le reformuler. Apprenez-lui aussi à surligner les mots importants. Ensuite, il doit vous expliquer comment il va s'y prendre pour répondre à la question. Ainsi, il structure son raisonnement avant de se lancer dans les calculs. Quand il doute, il peut dessiner la problématique. Puis encouragez-le à rédiger ce qu'il va faire. Cette étape de rédaction le contraint à structurer sa pensée ; or tout l'enjeu du problème est dans la structuration de la pensée et dans la rigueur nécessaire à la résolution et en aucun cas au résultat, car ce dernier n'a pas de valeur en soi. Personne ne s'intéresse vraiment au nombre de billes que Pierre a reçues ; en revanche, comment l'enfant a réussi à trouver ce nombre de billes est intéressant.

Dès qu'un problème est correctement résolu et rédigé, félicitez votre enfant, car le travail nécessaire sur le plan du français, de la compréhension, du raisonnement et du calcul est important. Cela le motivera pour résoudre des problèmes plus complexes, qu'il aura à affronter dans sa vie future.

Exemple de problème et d'accompagnement

Une chaîne hi-fi est composée d'un lecteur de CD à 300 euros, d'un amplificateur à 450 euros , d'un tuner à 100 euros et d'une paire d'enceintes acoustiques. La valeur de la chaîne hi-fi est de 1 000 euros. Quel est le prix d'une enceinte ?

• Tout d'abord, recommandez à l'enfant de **bien lire le problème** et de poser des questions s'il y a des mots qui ne sont pas clairs dans l'énoncé. En effet, ce dernier n'est pas simple et il y a un piège à éviter, qui relève du français et non des mathématiques. « **Une paire d'enceintes** » **signifie qu'il y a deux enceintes** et il ne faudra pas qu'il oublie ce point à la fin de la résolution, d'où l'importance de prendre son temps pour lire et comprendre chaque mot.

• L'utilisation de **surligneurs**, qui permettent de mettre en valeur les données utiles de l'énoncé, peut aider certains enfants en leur évitant de se jeter immédiatement dans les calculs. Par exemple, un surligneur d'une couleur pour les mots importants et un surligneur d'une autre couleur pour les chiffres.

• Ensuite, suggérez à votre enfant de **faire un schéma**. Il dessine la chaîne hi-fi, puis indique les prix à côté des éléments, en plaçant un point d'interrogation à côté des enceintes, et il entoure le tout pour y mettre le prix global. Ainsi il se rend bien compte qu'il y a une « différence », qui va impliquer une soustraction.

• Demandez-lui de **raisonner à voix haute** pour pouvoir intervenir sur sa réflexion. Donnez-lui des pistes s'il bloque. Il devra calculer combien coûte l'ensemble des éléments (300 + 450 + 100 = 850 euros), puis soustraire cette somme du prix final (1000 – 850 = 150 euros). Ainsi, il va obtenir le prix de la paire d'enceintes (150 euros). Alors seulement, après la division par deux de ce prix (150/2 = 75 euros), il aura répondu à la consigne. Le prix d'une enceinte est de 75 euros.

Pour aller plus loin :
Coll. « Chouette », *Résolution de problèmes*,
par niveaux, du CP au CM2, Hatier.
Coll. « Cahier du jour, cahier du soir »,
par niveaux, du CE1 au CM2, Magnard.

Donnez-lui une méthodologie

Accompagner son enfant, c'est l'aider à exercer sa mémoire, que celle-ci soit plutôt visuelle ou plutôt auditive. C'est aussi lui procurer un environnement calme, propice au travail. Respectez son rythme et apprenez-lui peu à peu à s'organiser à l'avance, afin de l'encourager à développer son autonomie.

CONSACREZ-LUI DU TEMPS

L'influence parentale commence au début de la scolarité, avec la **lecture**. L'étude PISA 2010 déjà citée à plusieurs reprises montre que lorsque les parents ont régulièrement lu des livres à leur enfant lors des premières années du primaire, celui-ci a des résultats scolaires sensiblement supérieurs à ceux des enfants qui n'ont pas bénéficié de ces moments de lecture. Les bons résultats de ces enfants brisent toutes les idées reçues sur les catégories sociales, car il n'y a aucune relation avec le milieu socio-économique de la famille, mais seulement un lien avec le temps passé à lire avec l'enfant.

Un **soutien permanent** est très efficace. Les élèves soutenus par leurs parents à 15 ans ont des performances supérieures à celles des autres. Ces succès sont principalement dus à l'engagement des parents auprès de leur enfant. Plus l'engagement des parents auprès de l'enfant commence tôt, plus le succès est statistiquement présent. Cet engagement n'est pas uniquement d'ordre scolaire. Il se fait aussi autour d'activités conviviales. Les activités parents-enfants qui favorisent l'éveil à la compréhension et à la curiosité peuvent être, par exemple :

– des discussions autour de problématiques politiques ou sociales, de films, de livres ou de programmes de télévision, de la qualité de son travail scolaire, de ses méthodes de travail ;

– du temps consacré aux échanges, comme prendre son repas principal à table avec l'enfant ou simplement passer du temps avec lui hors du cadre habituel.

L'étude constate qu'il existe une corrélation entre le temps passé par les parents avec leur enfant et les résultats scolaires. Il n'est jamais trop tard pour que les parents s'engagent aux côtés de leur enfant et l'effet positif sur la scolarité est au rendez-vous.

FOCUS

L'étude PISA publiée en décembre 2010 démontre qu'il y a un lien entre le temps que les parents consacrent à leur enfant et ses résultats scolaires, quel que soit le milieu socio-économique.

ACCOMPAGNEZ SON TRAVAIL DÈS LES PREMIÈRES ANNÉES

Les enseignants donnent du travail à faire à la maison, sous forme d'exercices ou de leçons à retenir. L'enfant, pendant ces premières années, va apprendre à travailler. Il va apprendre à comprendre une leçon puis à la connaître par cœur, à la restituer et à la mettre en application au travers d'exercices. Cet apprentissage lui fait prendre conscience de ses capacités de compréhension, de mémorisation puis d'expression. Il va progressivement voir les méthodes qui réussissent pour lui et celles qui ne fonctionnent pas. Il va aussi mieux appréhender le temps dont il a besoin pour travailler. Les enfants sont tous différents, certains sont visuels, d'autres auditifs [voir p. 58]. Certains ne veulent pas se mettre à travailler et résistent, tandis que d'autres retiennent tout immédiatement.

Ces premières années sont importantes car elles conditionnent une partie de la scolarité par **l'estime de soi** que l'enfant va acquérir ou perdre au cours de ces travaux très normés, de la confiance en lui qu'il va gagner ou perdre et du lien qu'il va créer avec l'école, c'est-à-dire avec l'enseignant et le groupe d'élèves qui constitue la classe. La manière dont il se comportera ou s'intégrera, avec laquelle il entrera dans les codes, sera déterminante. Il appartient aux parents d'être à l'écoute des retours de l'enfant, de poser des questions pour le faire parler, de le conseiller dans la gestion de ses journées à l'école, car les parents sont absents et ignorent souvent ce qu'il s'y passe et ce que l'enfant y vit.

Il y a des instants favorables pour ces échanges. Les enfants parlent beaucoup juste après l'école, car tout est frais, ils viennent de vivre ces moments. Ils peuvent aussi en parler à l'heure du coucher car les angoisses reviennent parfois et ils se livrent alors plus facilement. Ils ont besoin de se confier, de raconter. Le matin au réveil, quand cela ne va pas, il arrive qu'ils puissent exprimer leur malaise. Il n'est pas toujours simple de se rendre disponible lorsque toute la maisonnée doit se préparer, mais le jeu en vaut la chandelle car cela libère l'enfant, qui se sent aimé et écouté. N'hésitez pas, lorsque cela vous est possible, à aller chercher votre enfant à l'école ou à déjeuner avec lui de temps à autre. En plus de casser la routine, ces « moments volés » permettent des échanges différents et procurent du plaisir à chacun.

EXERCEZ SA MÉMOIRE

Dès les premières années du primaire, les enseignants donnent des poésies et des leçons à apprendre par cœur. Ce travail tourne parfois au cauchemar pour les parents qui accompagnent cet apprentissage.

L'une des clés du travail sur la mémorisation est de s'y prendre en plusieurs fois, sur plusieurs jours. S'y mettre dès que la poésie ou la leçon a été donnée à l'enfant simplifiera le travail de tout le monde. L'enfant commence à l'apprendre par petits morceaux. Chaque jour, quelques vers ou quelques phrases, en réexpliquant bien le sens pour qu'il comprenne ce qu'il apprend, gagne en vocabulaire, visualise ce qui se passe (d'où les dessins demandés avec les poésies) et puisse se raccrocher au sens du texte. En même temps que l'apprentissage des nouveaux vers, il devra réviser les parties apprises précédemment. Au fil des jours, les difficultés seront surmontées et l'enfant entraînera sa mémoire. Il est recommandé de le faire réciter avant de se coucher et le matin avant de partir à l'école, car ce sont des moments favorables à la mémorisation.

Ce travail permettra à l'enfant de s'habituer à apprendre et, au fil du temps, de faire l'expérience de ce qui marche pour lui. Sa mémoire s'améliorera progressivement et il apprendra alors de plus en plus vite.

VOTRE ENFANT EST-IL VISUEL OU AUDITIF ?

Toutes les méthodes de travail ne correspondent pas à tous les enfants, car ils n'ont pas tous le même profil cognitif. Certains ont un profil plutôt visuel, d'autres sont plutôt auditifs, ce qui a forcément une influence sur leur manière d'apprendre.

Le neurologue québécois Raymond Lafontaine a travaillé sur ces deux types de profils. Son travail permet de dresser un schéma type des deux profils.

- Un enfant **visuel**, au quotidien, aime l'action. Il est en mouvement. Il a envie de tout, dans l'instant. Il apprend en expérimentant. Il est d'un naturel communicant avec son entourage et il est doté d'un sens de l'observation développé. Pour appréhender, comprendre et mémoriser des informations, un enfant visuel a besoin d'écrire ou de faire des schémas.
- Un enfant **auditif** est, dès sa naissance, plutôt calme, avec un bon sommeil, et il est rassuré par les bruits de la maison. Il est sensible et plutôt introverti, secret et prudent. Il réfléchit avant d'agir et sait prendre son temps pour se décider. Dans son apprentissage, il a besoin de « se parler » afin de s'entendre, car il retient mieux ce qu'il a entendu que ce qu'il a vu. Il a tendance à avoir du mal avec les explications écrites et préfère se faire répéter les choses.

Aucun enfant n'est ni tout l'un ni tout l'autre, il faut bien nuancer ces profils mais, avec cette description, il est possible de situer dans quelle catégorie se trouve chaque enfant.

LE SAVIEZ-VOUS ?

L'efficacité de l'apprentissage tient à la prise en compte du mode de mémorisation, qu'il soit visuel ou auditif.

À l'école, l'enfant devra s'adapter à tout type d'apprentissage mais il sera plus à l'aise dans une situation que dans une autre. À la maison, vous devrez être plus attentif à son profil, ce qui permettra d'éviter des tensions. En effet, certains parents visuels traitent des informations écrites très rapidement et s'exaspèrent de voir leur enfant traîner parce qu'il reformule avec des mots ce qu'il doit assimiler. Il en est de même pour les parents auditifs, qui ne comprennent pas pourquoi l'enfant visuel fait des schémas pendant leurs explications.

Pour être fixé sur votre enfant, partez d'un schéma et faites-lui raconter ce qu'il doit en retenir. S'il ne parvient pas

à restituer le sens d'une explication, demandez-lui de le faire sous forme de schéma ou de le dessiner.
Dans tous les cas, les deux modes s'éduquent et s'enrichissent avec le temps et le travail.

RESPECTEZ SON RYTHME D'APPRENTISSAGE

Dans tout travail, quelle que soit la matière enseignée, chacun a son propre rythme d'apprentissage qui doit être respecté pour être amélioré par la suite. Pour qu'une leçon soit comprise, apprise et acquise, cela nécessite du temps, et celui-ci varie d'un enfant à l'autre. L'objectif est de s'assurer que lors d'un moment d'apprentissage, l'enfant est **actif**, sinon ce moment peut être prolongé à l'infini sans que le but soit atteint. Passer une heure sur une leçon ne sert à rien si l'esprit est ailleurs, comme cela arrive.
Pour comprendre le mécanisme d'apprentissage de votre enfant, accompagnez-le dans son travail, **demandez-lui de raisonner à voix haute ou de vous expliquer comment il s'y prend**. Vous apprécierez la pertinence de la méthode et verrez si son esprit est à ce qu'il fait. En faisant ce travail avec vous (ou avec un tuteur), l'enfant prendra conscience de sa méthode et expérimentera le temps nécessaire pour acquérir ce savoir, ce qui lui sera utile pour la suite, lorsqu'il devra s'organiser et estimer son temps de travail. Progressivement, il appréhendera les méthodes qui fonctionnent pour lui et saura combien de fois il doit réviser une leçon pour qu'elle soit sue. Dès lors, il pourra organiser son travail pour gagner en efficacité.
Comme la mémoire fonctionne en plusieurs étapes, si l'enfant n'a pas le sentiment de connaître parfaitement sa leçon, c'est normal. Il devra la revoir plusieurs fois avant de se faire interroger. Les parents peuvent contrôler l'état d'avancement de l'apprentissage à la suite de cette première étape, et devront faire revoir la leçon le soir avant

de se coucher, moment particulièrement favorable pour la mémoire, ainsi que le lendemain matin, avant de partir à l'école lorsque cela est possible, même si l'interrogation n'est pas prévue pour ce jour-là.

L'apprentissage d'une leçon nécessite entre cinq et sept étapes. L'apprentissage proprement dit, puis de quatre à six phases de révision le soir, le matin, le lendemain soir, etc. Prenons une poésie de quatre strophes donnée le vendredi et qui doit être apprise par cœur pour une récitation le vendredi de la semaine suivante. Pour qu'elle soit parfaitement sue pour le jour J, votre enfant a intérêt à commencer à l'apprendre le jour même où elle lui est donnée ou le lendemain. Le travail d'apprentissage ne peut pas être effectué en une seule fois, d'autant que l'effort exigé ici est important. Commencez par lire la poésie avec lui et expliquez-lui chaque vers, puis faites-vous réexpliquer le sens de la poésie pour vous assurer qu'il l'a bien comprise. Lorsque c'est le cas, il peut faire le dessin que son enseignant lui aura certainement demandé pour illustrer la page. Ensuite, il doit apprendre chaque jour une strophe, se la réciter et revoir les strophes précédentes.

- Le premier jour (le samedi), il apprend la première strophe et la revoit le soir au moment de se coucher. Si elle n'est pas encore fluide, c'est normal.
- Le lendemain (le dimanche), il revoit la première strophe, puis apprend la deuxième. La première strophe gagne en fluidité et la deuxième manque à son tour de précision, ce qui est tout à fait normal à ce stade.
- Le troisième jour (le lundi), l'enfant apprend la troisième strophe et revoit les deux premières. La première est bien sue, la deuxième de mieux en mieux et la troisième manque à son tour de fluidité. Il reverra les trois strophes le soir en se couchant et le lendemain matin pour les imprimer dans sa mémoire. L'interrogation étant encore lointaine, il n'y aura pas de stress.

- Le quatrième jour (le mardi), l'enfant revoit les trois premières strophes qu'il commence à bien connaître et il apprend la quatrième.
- Il les revoit le lendemain matin (le mercredi). Les deux premières strophes sont parfaitement sues, la troisième plutôt bien et la quatrième mérite de l'entraînement. Cela ne pose pas de difficulté, puisqu'il reste le mercredi, le jeudi et le vendredi matin pour revoir l'intégralité de la poésie.

Ainsi, une révision une ou deux fois chaque jour permettra à l'enfant de maîtriser sa poésie sur le bout des doigts, et vous permettra de travailler avec lui l'intonation car réciter une poésie est un tout, il doit la vivre.

Tout au long de cet apprentissage avec votre enfant, en plus d'exercer sa mémoire, vous lui aurez transmis une méthode de travail, à savoir en faire un peu chaque jour pour un résultat de très bonne qualité à la fin. Vous lui aurez montré comment s'organiser et il aura fait l'expérience positive d'un travail de qualité, récompensé par une bonne note. Tout cela est bon pour sa confiance en lui, puisqu'il fait l'expérience de ses capacités à réussir ce qu'il entreprend et comprend comment il doit s'y prendre.

Ce qui est valable pour une poésie l'est tout autant pour une leçon, surtout si elle est longue. Aidez-le à s'organiser pour ne pas s'y prendre la veille pour le lendemain car, dans ce cas, il risque de vivre une expérience ratée et de perdre toute confiance en lui et en sa capacité de réussir.

ORGANISEZ LE LIEU DE TRAVAIL ET LE TRAVAIL DU SOIR

Dans la mesure du possible, dans sa chambre ou dans une pièce calme, installez un bureau autour duquel il y a de la place pour lui et pour vous. Ce lieu doit être rangé avant de se mettre aux devoirs, avec une certaine solennité car si l'on sait s'amuser, on sait également se mettre au travail. Vérifiez également qu'il a préparé tout le matériel nécessaire : livre, cahier, trousse complète, règle, etc., pour éviter qu'il ne passe son temps à se lever, ce qui le distrait de sa tâche.

Avant de commencer, faites avec lui son planning, c'est-à-dire ce qu'il va faire. Prenez son agenda et notez sur une feuille le travail à faire pour le lendemain, une ligne par tâche, et le travail qu'il faut commencer à faire pour prendre de l'avance, comme l'apprentissage des leçons longues, la révision des leçons ou du poème appris et pas encore interrogés ; s'il reste du temps en fonction de la charge de travail, notez de lui faire faire une courte dictée. La charge de travail étant inégale selon les jours et les périodes, profitez des moments plus calmes pour faire ce travail de révision ou d'orthographe, ô combien nécessaire (voir plus haut). De manière générale, prévoyez un temps minimal et un temps maximal de travail par soir. Ce temps peut être augmenté le mercredi après-midi et le week-end. D'ailleurs, le week-end, vous pouvez vous y prendre en deux ou trois fois, afin de répartir la charge de ce qui doit être fait sans que cela soit pesant. L'avantage de faire une liste est pour l'enfant de savoir ce qui doit être fait et d'avoir le plaisir de rayer une ligne, car il sait alors que cette tâche est faite.

FOCUS

Il est important que votre enfant dispose d'un lieu pour travailler et d'une liste de tâches à réaliser. Ainsi, le contrat est clair sur ce qui doit être fait et votre enfant apprend progressivement à s'organiser.

EN CM, APPRENEZ-LUI À DEVENIR AUTONOME DANS SON TRAVAIL

Rendre un enfant autonome, dans son travail comme dans d'autres domaines, est l'objectif de tous les parents. Cela est encore plus vrai à notre époque où les règles évoluent à une vitesse sans précédent. Il y a quelques décennies, il n'était pas rare – et reconnu – de passer toute sa vie dans une seule et même entreprise. Aujourd'hui, il est recommandé d'en changer régulièrement. La transmission d'informations est immédiate, les décisions instantanées : comment donner les moyens à nos enfants de s'y retrouver, de se frayer un chemin, d'appréhender leur entourage en perpétuelle mutation et de décider ce qui est le plus pertinent pour eux ?

Pour les aider, revenons aux fondamentaux. Nos enfants seront reconnus sur leur valeur ajoutée, sur ce qu'ils seront capables de produire, de créer, de réaliser. Or tout cela résulte du travail qu'ils pourront fournir. Là se situe l'enjeu pour les parents. **Enseigner et transmettre à leurs enfants des méthodes d'apprentissage**, pour qu'ils puissent les appliquer et s'adapter quand ils en auront besoin, aux différentes périodes de leur vie, et éveiller leur curiosité pour leur donner envie de comprendre et de s'intéresser.

Ces mécanismes intellectuels se mettent en place tout au long de l'éducation. Ils commencent au primaire mais ne s'arrêtent pas uniquement à l'école. Cet éveil intellectuel se fait *via* des échanges, des visites, des jeux et une ouverture sur le monde. Un environnement stimulant éveille la curiosité, donne envie d'apprendre et de retenir.

Dans l'accompagnement aux devoirs, lorsque votre enfant doute de ses capacités, expliquez-lui que **l'apprentissage suit un processus d'assimilation qui se fait par étapes**. Tout ne se fait pas en une seule fois ou en cinq minutes. Tout d'abord, il doit lire et comprendre ce qui est expliqué dans sa leçon. Tant que ce n'est pas clair pour lui, il doit vous demander, sinon le passage aux exercices d'application ne servira à rien. Cette étape est plus ou moins longue selon les enfants, en fonction de leur capacité de concentration et de leur vitesse d'assimilation.

Une fois la leçon comprise, elle doit être apprise et révisée plusieurs fois. Là encore, cette étape prend plus ou moins de temps selon les enfants. Le respect de ce temps d'acquisition est important. Il pourra s'améliorer au fil des années. Le cerveau est malléable, il sait s'habituer et ne demande qu'à apprendre. Plus il apprendra, plus il sera en mesure d'assimiler et de mémoriser. À l'image du sportif qui s'entraîne pour gagner en endurance et en vitesse, le cerveau en fait autant. Il faut l'encourager et le stimuler.

L'acquisition se termine par une mise en application dans plusieurs situations au travers d'exercices, avec une progressivité dans la difficulté. Les premiers exercices permettront d'appliquer simplement chaque règle, les suivants permettront de mixer ces règles, toujours dans le but de valider leur assimilation. Ce principe, les enfants du primaire sont à même de l'intégrer. Ensuite, les derniers exercices permettront de valider que l'enfant retrouve le contexte dans lequel il peut faire appel à ces règles. Ainsi, il sera à même de déceler quand et comment les appliquer. À ce moment-là, il est évident que la leçon est assimilée, sans lacune pénalisante pour la suite. En avoir conscience aidera l'enfant à prendre confiance en sa capacité à comprendre, à apprendre et à restituer, donc à pouvoir se faire confiance. Vous pouvez également lui suggérer de faire le cours à ses doudous ou autres pour l'obliger à formuler, formaliser et expliquer sa leçon. Il prendra conscience des failles de son raisonnement et des zones qui ne sont pas claires dans son esprit.

L'objectif de l'aide aux devoirs est de transmettre à l'enfant des méthodes pour comprendre, apprendre, assimiler et appliquer un savoir, quel qu'il soit. Ces méthodes s'appliquent dans tous les cas de figure. Et tout comme pour le sportif, plus l'enfant apprendra, plus il sera capable d'assimiler de nouveaux savoirs plus rapidement. L'enfant peut comprendre ce discours qui va le rassurer avant d'intégrer le collège. Souvent, il est volontaire pour comprendre ce qui l'aidera à réussir sa première année de collège.

FOCUS

L'apprentissage suit un certain processus : d'abord la compréhension, puis l'assimilation, la mise en application et la révision. Le rythme de l'enfant donne le tempo de ce processus, et il s'améliore au fil du temps.

L'IMPORTANCE DU RYTHME DE TRAVAIL ET DE SA RÉGULARITÉ

• **Le rythme de travail pendant l'année scolaire.** Au début du primaire, une vingtaine de minutes de travail le soir sont souvent suffisantes ; puis, progressivement, en fonction de la vitesse d'exécution de l'enfant et de sa charge de travail, ce temps augmente. Jusqu'à une heure de travail, l'enfant peut le gérer sans faire de pause mais au-delà, il est nécessaire de lui faire effectuer son travail scolaire en deux fois. En effet, la capacité de concentration du jeune enfant ne lui permet pas de travailler efficacement plus d'une heure.

Le mercredi après-midi, les enfants disposent de davantage de temps et ont eu seulement une matinée de travail et non une journée entière, ce qui les rend plus disponibles. Il est donc possible, si l'enfant peine et a besoin de se mettre à jour, d'organiser jusqu'à trois sessions de cinquante minutes pour l'aider à assimiler le travail qui lui est demandé, voire pour reprendre les zones d'ombre.

Le week-end, moment de détente et de rassemblement familial, la place du travail scolaire ne doit pas dominer. Pour cela, il est recommandé de le limiter dans le temps et, de préférence, de le planifier en début de journée. En effet, cela permet de se libérer de cette contrainte et d'avoir l'esprit libre pour le reste de la journée.

Ainsi, le vendredi soir après l'école, ouvrez le cahier de textes avec votre enfant et regardez ce qui est demandé pour la semaine suivante, chaque jour. Vous pourrez alors planifier le travail à faire le week-end et éviter les mauvaises surprises de dernière minute, comme une poésie pour le lendemain, une grosse leçon pour le surlendemain... Une fois le travail à effectuer au cours du week-end clairement défini, répartissez-le en une, deux ou trois sessions en fonction des disponibilités, en laissant une certaine marge de manœuvre à l'enfant. « Tu as le choix entre commencer samedi matin ou samedi soir et finir dimanche matin. Comment préfères-tu faire ce travail ? Ensuite, tu seras débarrassé et tu auras fait le plus gros pour la semaine qui vient, il ne restera qu'à réviser un petit peu chaque soir. Alors, que choisis-tu ? » Ainsi l'enfant prend part à la décision, il fait une démarche active de choix. Sa décision ne concerne que les moments de travail et ceux de détente et non le travail en lui-même qui, de toute façon, n'est pas négociable.

S'il ne respecte pas son planning, quelques sanctions légères doivent être appliquées, par exemple pas d'ordinateur ni de télévision pendant vingt-quatre heures, puisqu'il n'a pas respecté le contrat moral que vous avez passé ensemble. La confiance que vous accordez à sa parole est l'un des piliers de votre relation, elle doit être solide et non remise en cause, au risque de détériorer cette relation, ce qui n'est pas dans son intérêt. Cette confiance étant réciproque, il vous appartient, à vous parent, d'être cohérent entre vos demandes et vos attentes, pour ne pas changer les règles du jeu en cours de route, ce qui ne serait pas bien compris par l'enfant.

• **Le rythme de travail pendant les vacances.** Le rythme des vacances est longuement discuté à chaque changement de ministre de l'Éducation nationale, même si ces décisions dépassent son ministère, tant les implications des dates de vacances sont importantes dans le mode de vie des familles, mais aussi pour le tourisme, etc.

D'une manière générale, les enfants ont deux semaines de congé toutes les six à huit semaines de travail et huit semaines de vacances d'été. Le rythme de travail est élevé pendant les périodes hors vacances et quasi inexistant pendant les vacances. Ces accélérations et décélérations sont parfois difficiles à vivre pour les enfants. Pendant les vacances, il est bon d'instaurer une période de relâche, puis une autre de reprise des lacunes si l'enfant en a besoin. À partir de manuels périscolaires souvent cités dans ce livre, toutes les parties des programmes couverts au primaire sont reprises, avec des exercices dont la difficulté est croissante, pour s'assurer de la maîtrise du cours et de ses situations d'application.

Le fait de travailler pendant les vacances rendra le retour à l'école moins difficile, moins angoissant et moins fatigant, le rythme n'ayant pas été totalement rompu ; de plus, l'enfant sera bien à jour sur les sujets en cours.

• **Les vacances, un moment privilégié pour lire.** Comme nous l'avons vu, le premier facteur de la réussite scolaire reste la maîtrise du langage. Celle-ci s'acquiert à l'école, mais pas uniquement. Elle se développe aussi beaucoup par la lecture. Les livres donnés à l'école ne pourront pas satisfaire tous les besoins de l'enfant. Pour cette raison, il est recommandé à l'enfant de profiter des vacances pour lire tous les jours. Le choix des livres peut se faire avec l'enfant afin de cibler ce qu'il aime, l'essentiel étant qu'il lise. Il peut lire des bandes dessinées, mais pas uniquement ! Il existe de nombreux romans pour enfants qu'ils apprécient beaucoup une fois qu'ils y ont goûté. Demandez conseil à votre libraire ou à votre bibliothécaire.

Sauf exception, les jeunes enfants se mettent rarement à lire de leur plein gré. Face à l'enjeu de la lecture, les parents peuvent mettre en place des incitatifs. Par exemple, un certain nombre de points sont accordés à l'enfant chaque fois qu'il a lu un nombre défini de pages ou lorsqu'il a fini un roman. Dès que le compteur dépasse 100 points, ces derniers peuvent être convertis en une petite récompense. Ce type de programme d'encouragement motive les enfants et permet aux parents d'atteindre les objectifs qu'ils se sont fixés, à savoir faire lire chaque jour quelques pages à leur enfant jusqu'à ce qu'il prenne du plaisir à lire par lui-même.

Lorsqu'un enfant lit, il est dans une démarche intellectuelle active. Il n'est plus spectateur mais acteur. Il maîtrise son rythme, augmente progressivement sa capacité à se concentrer et habitue son cerveau à comprendre des textes de plus en plus longs. Lorsqu'il lit, l'enfant développe aussi la visualisation des mots, pour mieux les appréhender dans un contexte et mieux les comprendre. Il gagne en vocabulaire. S'il a un profil cognitif plutôt visuel, il améliore au fil du temps son orthographe, en s'habituant à voir des mots et des phrases correctement écrits.

De plus, le temps de lecture est un temps calme pendant lequel il ne « zappe » pas d'une activité à l'autre ; au contraire, **il se pose**. La lecture peut se faire en famille, parents et enfant installés dans un canapé et lisant à tour de rôle. Certains contes se lisent vite et offrent une jolie morale qui peut être débattue ensuite. Ces moments de partage, souvent assez rares durant l'année scolaire, sont plébiscités par tous. La lecture s'associe ainsi au plaisir et non à l'effort. Quand il lit seul, votre enfant peut ensuite vous raconter l'histoire, ce qui lui a plu, ce qu'il n'a pas aimé, etc. S'il n'apprécie pas un livre et qu'il sait vous en donner la raison, alors il peut l'abandonner avant la fin et en choisir un autre.

En dehors des moments de lecture et de reprise des lacunes, les vacances sont des occasions de sorties en famille, de voyages, d'éveil sur le monde, de visites de musées ou d'expositions, de visionnage de films... autant d'occasions d'échanges et d'ouverture. Les valeurs transmises pendant ces moments font partie intégrante de l'éveil et du développement de l'enfant.

FOCUS

Faire des plannings de travail pour la semaine, le week-end et pendant les vacances aide à y voir plus clair et à distinguer le temps de travail du temps de loisirs, ce qui permet un meilleur équilibre familial.

LES NOTES, UN OUTIL D'AIDE AUX PROGRÈS

Régulièrement, dans les médias spécialistes de l'éducation, l'idée de supprimer les notes est reprise. Derrière cette question, on s'interroge sur l'effet des notes sur la confiance en eux des élèves et l'on remet en cause leur utilité.

Si les notes sont bonnes, on sait d'expérience qu'elles influencent positivement la confiance que les élèves ont en eux. Si elles sont mauvaises, l'impact sur leur confiance en eux est négatif.

Supprimer les notes reviendrait à ne pas distinguer les élèves qui auraient eu des bonnes notes de ceux qui en auraient eu des mauvaises. Or l'école est une école de la vie, elle doit préparer à la suite, où la compétition est réelle. Est-il opportun de retarder le moment où les enfants seront confrontés à la compétition et, de ce fait, à la réalité sur leur niveau ? Est-il judicieux de nier ces différences ? Est-il vraiment utile de ne pas leur permettre de connaître la vérité sur leur compréhension d'un devoir ? Est-ce un service à leur rendre que de les laisser dans le flou sur leur niveau ?

Car il s'agit bien de cela. Une note ne dit pas si un enfant est quelqu'un de bien ou non, une note évalue et donne un état objectif et tangible de la réalité sur un travail précis à un moment donné. À une question posée, la réponse a-t-elle été juste et correctement exprimée ?

Les débats sur les notes blâment le principe de notation mais ce ne sont pas les notes qui sont en cause, c'est la qualité du travail fourni dans la copie qui est à reprendre pour être améliorée. Une note juge un travail à un instant donné, effectué dans un contexte précis, mais en aucun cas l'élève en tant que personne. Rien n'est figé. Dans le temps, l'évolution des notes permet de visualiser une tendance à la hausse, à la baisse ou constante, et de constater des progrès ou des besoins d'accompagnement. Cet indicateur peut décevoir mais il peut également apporter beaucoup de joie, car il récompense le travail fourni et les progrès réalisés.

Ne racontons pas d'histoires à nos enfants : ils ont besoin de connaître la vérité sur leur travail. S'ils travaillent bien, ils sont récompensés. S'ils ont mal travaillé, ils le savent également et doivent chercher à en comprendre la cause pour la corriger ; ils ont besoin de vous pour les aider. Cela fait partie de l'éducation à leur donner et de la responsabilité de chaque parent, et cela les prépare à la vie post-scolaire qui les attend.

Pour améliorer les notes, les parents peuvent aider leurs enfants à mieux s'organiser, à mieux travailler à la maison et à mieux préparer les interrogations faites en classe. Les parents doivent les responsabiliser car ils seront seuls devant leur copie. Et seule la qualité de leur travail sera évaluée.

Quand les parents font travailler leur enfant, l'objectif n'est pas de faire le travail à sa place mais de l'accompagner dans sa démarche intellectuelle pour effectuer ce travail. La différence est importante car ce n'est pas l'accompagnant qui fait le travail, mais l'enfant. Souvent, la patience est mise à l'épreuve, car cela prend bien plus de temps que ce qui était envisagé ; du coup, la tentation est forte de souffler la réponse, ce qui arrive parfois, à tort.

Lorsqu'une note revient à la maison, ce n'est pas celle du tuteur mais celle de l'enfant. Il s'agit du résultat de son travail. Il en est responsable. L'aide peut être remise en cause, mais en aucun cas l'enfant ne peut être déresponsabilisé de sa note, qu'elle soit bonne ou mauvaise. Elle donne un état objectif du travail fourni.

LE SAVIEZ-VOUS ?

Une note ne juge pas un enfant en lui-même, mais la qualité d'une copie à un instant donné. La cause d'une mauvaise note doit être recherchée pour comprendre l'erreur, la corriger et améliorer les résultats à venir. Le fait de progresser et d'obtenir de meilleures notes procure toujours de la joie à un enfant.

L'accompagnement moral de votre enfant

La vie d'un élève n'est pas un long fleuve tranquille ! Votre rôle de parent, c'est aussi d'apprendre à votre enfant à accepter une mauvaise note et à prendre les choses en main s'il rencontre une difficulté avec un camarade, voire avec son enseignant.

AIDEZ-LE À GÉRER LE SENTIMENT D'INJUSTICE

Votre enfant s'est beaucoup investi, il a le sentiment d'avoir bien travaillé ; pourtant, la note tombe et elle n'est pas à la hauteur du travail fourni. L'enfant est déçu et ne comprend pas le sens de tout cela. S'il n'avait pas travaillé, le résultat aurait été le même. Il est découragé et vous comprenez ce découragement sans savoir comment réagir.

Tout d'abord, rappelez-lui que le travail paie toujours, mais pas forcément immédiatement. Il existe un décalage de plusieurs semaines entre la courbe du travail et celle des résultats, mais il y a bien un lien. Lorsque la courbe du travail amorce une envolée, celle des résultats suit dans un délai raisonnable. Pourquoi cette inertie ? Lorsque l'enfant se met à travailler sérieusement, il n'a pas forcément rattrapé toutes ses lacunes et cela prend du temps, mais au lieu de faire cinq fautes, il n'en a fait qu'une ou deux. Le progrès est bien réel mais il reste encore insuffisant pour que la note augmente de manière significative. Il doit poursuivre ses efforts et gagner en rigueur pour restituer de manière juste ce qui lui est demandé. Cette précision l'aidera à mieux structurer sa pensée et à convaincre son enseignant qu'il a bien compris. Il arrive aussi que l'enseignant soit conditionné par l'idée qu'il s'est faite du niveau de l'enfant et qu'il ait un préjugé avant de corriger la copie, ce qui peut influer sur la note. Modifier ce préjugé prendra du temps.

L'attitude de l'enfant, la gestion de son stress en situation de contrôle, mettent elles aussi du temps à être modifiées. Il lui arrive peut-être d'avoir les mains qui tremblent, de transpirer abondamment, de paniquer au point de perdre ses moyens. Le fait d'avoir beaucoup travaillé augmente la pression qu'il se met et ne résout pas la gestion de ses émotions. Cela explique aussi le délai entre la courbe du travail et celle des progrès. Pour cette raison, certains enfants préfèrent ne rien faire plutôt que de travailler et risquer d'avoir une mauvaise note. En effet, pour l'enfant, faire face à une mauvaise note parce qu'il n'a rien fait est plus facile que de l'assumer après avoir beaucoup travaillé. Dans le premier cas, personne ne sait ce qu'aurait été le résultat s'il avait travaillé ; dans le second, le coup porté à l'ego est important et l'image qu'il a de lui est écornée. Afin de le rassurer, les encouragements des parents et des démonstrations de foi comme « je crois en toi », « je sais que tu vas y arriver », sont nécessaires.

Quand il revient avec une mauvaise note, regardez sa copie avec lui et soulignez les progrès effectués, pour l'encourager à poursuivre et à s'impliquer. Mettez en place un système de récompense qui le valorisera, comme un dîner au restaurant en tête à tête avec ses parents lorsqu'il a atteint l'objectif fixé. Enfin, encouragez-le encore et toujours, montrez-lui que vous croyez en lui et que cette note a peu d'importance puisque vous savez qu'il travaille désormais sérieusement, que son niveau augmente et que vous êtes fier de lui – l'essentiel est là.

L'ÉDUCATION OU L'APPRENTISSAGE DES FRUSTRATIONS

Pour un enfant, la différence entre l'envie et le besoin est difficile à établir. Il a envie de manger un gâteau, mais il a besoin de se nourrir pour vivre. Pour les parents, faire la distinction entre ce qui est indispensable pour leur enfant et ce qui l'est moins est important. Ces distinctions sont souvent fondées sur l'éducation qu'ils ont eux-mêmes reçue et sur leur système de valeurs, qui est également le fruit de discussions entre eux pour se mettre d'accord sur les principes éducatifs de leur famille.

Si les parents ne transigent pas avec les besoins, ils pourront apprécier au cas par cas la satisfaction des envies. **Refuser une demande de l'enfant est souvent plus difficile que de l'accepter.** Or l'accepter n'est pas nécessairement lui rendre un service. Refuser peut l'être, car l'enfant comprend qu'il y a une limite, une règle à respecter ; avec des explications, il comprend pourquoi sa demande n'a pas été acceptée. Il ne sera certainement pas content sur le moment mais, à long terme, il prendra conscience de l'effet positif des décisions de ses parents, qui sont motivées par son intérêt. L'éducation, c'est l'apprentissage des frustrations. Si les parents cèdent systématiquement à leur enfant, la vie se chargera de le remettre à sa place, avec souvent beaucoup plus de force. En cédant à toutes les demandes de nos enfants, nous ne les aidons pas à faire l'expérience de la frustration, or cette expérience leur sera utile à l'école, dans leurs relations avec les autres, dans leurs relations avec les enseignants, dans leur vie d'homme ou de femme responsable, et enfin dans leur futur rôle de parent.

COMPLIMENTS ET ENCOURAGEMENTS

Comme nous l'avons dit à plusieurs reprises, les enfants ne travaillent pas pour eux mais pour leurs parents et/ou leur enseignant, afin d'être aimés et reconnus par eux. Ce moteur doit être pris en considération et alimenté régulièrement. Comment l'enfant peut-il satisfaire ce besoin si aucun retour n'est donné par ses parents ou ses professeurs ? Son seul indicateur est l'intérêt que vous portez à son travail, à ses notes, à ses carnets et appréciations, à la relation que vous entretenez avec l'école et au respect que vous manifestez vis-à-vis de l'école.

Pour lui faire part de votre satisfaction, complimentez-le régulièrement, dites-lui qu'il travaille bien et que vous êtes fier de lui. Lorsqu'il ne réussit pas comme vous le souhaitez, dites-lui que vous êtes fier de son implication dans son travail et des efforts qu'il fournit, car ces derniers vont porter leurs fruits. Ces compliments, ces encouragements lui rappelleront au quotidien l'amour que vous lui portez et le pousseront à aller plus loin dans ses efforts et à poursuivre ses progrès, pour le bien de toute la famille.

VALORISER L'EFFORT, RESPECTER LE TRAVAIL À LA MAISON

L'enfant qui commence à structurer ses efforts fournit un travail qui mérite d'être reconnu et encouragé. Son effort est important et doit être valorisé en tant que tel, et mis en avant au sein de la fratrie pour être respecté.

Il est possible d'en profiter pour rappeler le sens du travail. Dans notre société, ce dernier est vu de plusieurs façons. Libérateur, car il permet d'accéder à l'autonomie et de se sentir libre, il est aussi perçu comme aliénant, car il prive de la liberté de son temps. La valeur travail a été débattue à plusieurs reprises au cours des dernières campagnes présidentielles et les avis restent multiples mais, dans une société où le chômage atteint des records, le travail doit être respecté et valorisé. Quelle que soit sa propre vision du travail, dans l'intérêt de la scolarité de son enfant, chaque parent doit tout faire pour l'encourager, car travailler se révèle toujours payant.

De manière pratique, il est nécessaire de lui offrir un environnement de travail calme et de l'interrompre uniquement quand cela est nécessaire. Dans la mesure du possible, il faut séparer ceux qui jouent de ceux qui travaillent, pour que la famille tout entière se sente concernée et adhère à cette valeur.

Toute marque d'intérêt pour leur travail est pour les enfants un moteur très stimulant et qui donne un sens à leurs efforts. La simple projection sur ce qu'ils ont à perdre s'ils ne travaillent pas ne suffit pas, ils n'ont pas le recul nécessaire pour cela, et le gain à moyen terme est très abstrait, trop en tout cas pour les mettre au travail immédiatement. L'efficacité d'un discours angoissant est limitée.

FOCUS

Un environnement de travail calme et respecté par toute la famille favorise la concentration et transmet à toute la fratrie la valeur du travail.

Des félicitations pour des bonnes notes comme « je suis fier de toi », des compliments pour le travail fourni comme « bravo, c'est excellent », des mots encourageants lors de difficultés comme « je sais que tu méritais mieux que cela et que tu feras mieux la prochaine fois. L'essentiel est d'avoir bien travaillé comme tu l'as fait, et c'est le plus important », des mots doux pour consoler après des efforts infructueux comme « si la vie est injuste, le travail finit toujours par payer et je sais que la prochaine fois ça marchera, ça ne m'empêche pas d'être fier de toi et de trouver que tu t'en sors très bien », une présence accrue en période difficile, des attentions particulières (des vitamines, des petits gâteaux…) pendant les périodes de contrôles sont des gestes qui montrent que vous encouragez le travail, que vous accompagnez votre enfant, que vous êtes avec lui et que vous le resterez jusqu'au bout. Ainsi, votre enfant a le sentiment de ne pas être seul, même s'il le sera face à sa copie.

AIDEZ-LE À GÉRER LE BLUES DU MATIN

Tous les matins ne se ressemblent pas, même si la routine est la même. La journée qui vous attend n'est pas la même que celle de la veille, et il en est de même pour votre enfant. De plus, son état de fatigue, les relations compliquées au sein de l'école font que parfois il n'a pas envie d'aller en classe et qu'il a un gros coup de blues devant le portail. Dans ces moments-là, seuls les câlins, de la disponibilité et de l'écoute peuvent vous permettre de l'aider à passer le cap, indépendamment de votre état de stress et de la charge de travail qui vous attend par la suite. C'est l'affaire de quelques minutes. Vous absorberez certainement une partie de son blues, mais vous saurez le gérer mieux que lui.

PRENEZ AU SÉRIEUX LES HISTOIRES DE COUR DE RÉCRÉATION

Tous les enfants ne sont pas à même de faire part d'un malaise à un adulte, même si c'est son père ou sa mère. Un enfant qui réussit à mettre des mots sur ses problèmes à l'école dispose d'un atout précieux. Dès lors, quand le malaise est exprimé, écoutez-le. Votre expérience et votre recul vous permettront de lui donner des conseils précieux qui l'aideront à retourner une situation : les mots pour remettre des camarades à leur place, les attitudes à changer ou au contraire à assumer afin de rester intègre. Si le problème devient trop lourd ou trop compliqué pour lui, c'est alors à vous d'en discuter avec l'enseignant.

Votre soutien dans ces moments difficiles montrera à votre enfant votre totale implication à ses côtés, quelle que soit la situation, et par là votre amour pour lui. Il ne se sentira en aucun cas seul au monde, comme cela lui arrive parfois, en cas de conflit à l'école.

SOIGNEZ LA RELATION ÉCOLE-FAMILLE

L'école est aussi un lieu de dialogue entre les familles, l'enseignant et la direction de l'établissement. Il est important que le dialogue soit fluide. Les réunions de parents sont des moments privilégiés d'échanges et d'appropriation du lieu, l'occasion de créer un lien dont l'enfant a conscience. En dehors de ces rencontres collectives, il existe les rendez-vous sur demande. Ce lien entre les parents et l'enseignant est fondamental. À partir du moment où l'enfant sait qu'il existe une communication entre ses parents et l'école, il se sent encadré et soutenu, puisque ces deux autorités communiquent et sont alignées. Les deux univers ne sont plus totalement étanches. Cette étanchéité est à l'origine de failles ou de désaccords sur lesquels l'enfant sait parfaitement surfer lorsqu'il en a besoin.

S'il existe un désaccord avec un enseignant, argumentez votre position auprès de votre enfant, car celui-ci est généralement très doué pour jouer entre ses différentes tutelles. Votre enfant doit savoir pourquoi vous n'êtes pas en accord avec l'enseignant. Cependant, dans la mesure du possible, ne contredisez pas ouvertement un enseignant, afin que l'enfant continue à le respecter. Si le désaccord est important à vos yeux, prenez rendez-vous pour avoir le point de vue du professeur et échanger car bien souvent, il s'agit d'une problématique de communication ou d'une compréhension partielle du problème. Ce dialogue permettra de clarifier un éventuel malentendu ou de le faire remonter à la direction de l'école, pour le bien de tous.

LA RENCONTRE AVEC L'ENSEIGNANT

Au moins une fois par an, il est nécessaire de rencontrer le maître ou la maîtresse de votre enfant. Idéalement, cette rencontre devrait avoir lieu une fois que l'enfant et l'enseignant ont appris à se connaître, ce qui prend quelques mois. Le rendez-vous ne doit toutefois pas être pris trop tardivement dans l'année car, dans ce cas, il ne reste plus beaucoup de temps pour agir. La fin du premier trimestre (novembre ou décembre) est un moment clé. De plus, cette rencontre montre à l'enfant comme à son enseignant tout l'intérêt que vous portez à son travail, et qu'il existe une communication entre ses deux tutelles.

Ce retour de l'enseignant est d'autant plus important et riche qu'il vous donne des informations sur votre enfant dans des contextes que vous ne connaissez pas, en classe et dans la cour de récréation, dans un contexte social que vous ne pouvez pas maîtriser.

Posez des questions sur le comportement général de votre enfant, sur ses relations avec les autres, avec qui il passe du temps, ce qu'il fait pendant la récréation... et sur le travail : comment il participe, quelle est la qualité du travail qui est fourni pendant les cours, son niveau d'attention, où est-il placé dans la salle de classe, est-ce qu'il voit bien le tableau, car il arrive parfois de détecter ainsi des problèmes de vue.

L'enjeu est de vous assurer que toutes les conditions sont réunies pour permettre à votre enfant d'être instruit dans les meilleures conditions, donc de ne pas le laisser avec des difficultés dont vous ignorez l'existence et qui aboutiront à une démotivation ou à un découragement. De plus, cet échange vous permettra de savoir comment il se comporte lorsqu'il n'est pas avec vous. Ne vous privez donc pas de ce retour d'expérience sur votre enfant, qui vous permettra de l'appréhender dans sa globalité pour conduire au mieux son éducation.

athématiques
Français

Agir en cas de complications

Malgré votre engagement, vous pouvez être, un jour ou l'autre, confronté à une difficulté particulière qui vous dépasse, par exemple un trouble des apprentissages telle une dyslexie. N'ayez pas peur de vous adresser à des professionnels qui vous aideront à trouver les solutions les plus adaptées à votre enfant.

LE RÔLE DE L'ORTHOPHONISTE

Dans la scolarité d'un enfant, il est parfois nécessaire d'aller voir un orthophoniste, dès lors que l'on a des doutes sur son niveau de compréhension par rapport à ce qu'il lit, que ce soit son enseignant qui vous en parle ou son pédiatre qui vous le recommande. Dans ce cas, il est intéressant d'aller rencontrer un orthophoniste et de lui demander de faire un bilan.

Quels sont les domaines de compétence de l'orthophoniste ? D'après le *Dictionnaire historique de la langue française* (Le Robert), le mot « orthophoniste » vient du grec *ortho*, « debout, dressé », et de *phônê*, « son de la voix ». L'orthophoniste détecte et traite les troubles liés au langage, qui se traduisent par des troubles au niveau du :

- langage oral : voix, parole, articulation, dysphasie (trouble du développement), bégaiement ;

• langage écrit : dyslexie (trouble spécifique de la lecture), dysgraphie (trouble spécifique de l'écriture), dysorthographie (trouble de l'orthographe) ou encore dyscalculie (trouble spécifique du calcul).

L'orthophoniste traite bien d'autres troubles encore. Pour chaque enfant et problématique, il conçoit et met en œuvre des programmes de rééducation adaptés, sur la base d'exercices qui ont fait leurs preuves.

Il joue donc un rôle clé dans la résolution de difficultés que peuvent rencontrer les élèves au primaire, sans que cela soit honteux, bien au contraire.

LES CONSEILS DU PÉDIATRE

Lorsque vous rencontrez le pédiatre de votre enfant, que ce soit pour une visite annuelle ou pour un problème précis, n'hésitez pas à lui dire comment votre enfant se sent à l'école, quels sont ses résultats scolaires, les retours de l'enseignant, car la santé est un tout, et le rôle du pédiatre est de dépister les différents troubles qui pourraient apparaître chez l'enfant et de les traiter lorsque cela se révèle nécessaire.

Ses conseils sont donc précieux, ne vous privez pas de son avis. Son expérience est riche pour détecter les troubles, y apporter des solutions et vous guider dans vos démarches. Il est à même de vous faire rencontrer les bonnes personnes et de vous prescrire des bilans orthophoniques, ophtalmologiques ou autres qui seront, de ce fait, pris en charge par la Sécurité sociale.

LES TROUBLES DES APPRENTISSAGES

À l'école primaire, au travers de l'apprentissage des fondamentaux, certains troubles peuvent se révéler comme une dyslexie, une dyspraxie ou autres troubles en « dys », un trouble de l'attention qui pose à l'enfant des problèmes de concentration et de compréhension des consignes, voire une précocité intellectuelle – laquelle soulève bien souvent un certain nombre de difficultés spécifiques auxquelles malheureusement l'école n'apporte pas de solution adaptée. Ces troubles ont un effet négatif sur la réussite de l'enfant et sapent sa confiance et son estime de lui-même. Ils sont à diagnostiquer et à prendre en charge dès que possible, d'autant que le temps n'arrange rien, bien au contraire. Les orthophonistes sont d'excellent conseil – un bilan en orthophonie peut être prescrit par votre médecin ou votre pédiatre. Pris suffisamment tôt, certains de ces troubles se corrigent facilement et surtout, **avant que l'enfant ne se décourage**. Pour les difficultés les plus lourdes, les parents devront se battre pour trouver des structures qui conviendront à leur enfant, des écoles qui peuvent s'adapter ou toute autre formule qui permettra que la différence de leur enfant ne soit pas un obstacle trop difficile à franchir pour la suite de son parcours de vie. Vous trouverez davantage d'informations sur les sites www.fondationpourlecole.org et www.ecolesdifferentes.info.

Petit conseil

À lire : *Même pas grave ! L'échec scolaire, ça se soigne*, Dr Olivier Revol, J'ai lu.

LA PHOBIE SCOLAIRE OU LE REJET DE L'ÉCOLE

Un phénomène dont les médias parlent plus fréquemment qu'avant est celui de la phobie scolaire, c'est-à-dire du rejet de l'institution scolaire par l'enfant qui, un jour, ne parvient tout simplement plus à y mettre les pieds. Les causes de la phobie scolaire sont multifactorielles. Le docteur Marie-France Le Heuzet, confrontée au quotidien à cette problématique à la Maison des adolescents de l'hôpital Robert-Debré, à Paris, a écrit, avec le professeur Marie-Christine Mouren, un livre sur le sujet : *Phobie scolaire. Comment aider les enfants et adolescents en mal d'école ?* (Josette Lyon).

Cette phobie ne se manifeste pas souvent au primaire mais elle y prend régulièrement racine, avec de mauvaises expériences étouffées et non digérées qui finissent par ressortir au collège ou au lycée. À cet égard, le témoignage d'Anne-Marie Rocco et de sa fille Justine Touchard, dans leur livre *Le jour où je n'ai pas pu aller au collège* (Flammarion), montre bien à quel point certains dégâts commis à l'école primaire peuvent être très pénibles pour l'enfant et avoir des conséquences dans sa scolarité ultérieure.

Si par malheur votre enfant est, à un moment ou à un autre de son cursus, atteint de phobie scolaire, sachez que votre famille n'est pas la seule à affronter cette situation douloureuse. Parlez-en autour de vous, à votre pédiatre, au directeur de l'établissement, échangez, lisez des témoignages dans les livres et les blogs, cherchez le bon psychologue pour accompagner votre enfant et vous accompagner vous-même, prenez contact avec la Maison des adolescents la plus proche de chez vous... Dans tous les cas, ne restez pas seul avec votre problématique.

LE SAVIEZ-VOUS ?

Pour en savoir plus, vous pouvez consulter le site de l'association Phobie scolaire (www.phobiescolaire.org), sur lequel vous trouverez les coordonnées des CMPP (Centres médico-psycho-pédagogiques) situés à proximité de votre domicile, ainsi que celles des Maisons des adolescents et des points d'accueil et d'écoute des jeunes.

Vous pouvez aussi consulter le site www.psycom.org pour trouver les centres de consultation spécialisés.

LES DIFFICULTÉS AVEC L'ENSEIGNANT

À l'école primaire, votre enfant a un enseignant (ou deux en cas de mi-temps) qui gère en permanence une classe d'une trentaine d'élèves en moyenne, cinq jours par semaine, pendant toute la durée de l'année scolaire. Si cela peut être très positif compte tenu de ce qui doit être transmis, cela peut également être terriblement mal vécu lorsque l'enfant et l'enseignant n'ont pas une bonne relation.

Pour repérer ce type de difficulté, soyez à l'écoute de votre enfant, questionnez-le. S'il n'est pas toujours disert, s'il peine à s'exprimer ou tout simplement s'il reste muet comme une tombe, n'hésitez pas à prendre rendez-vous avec l'enseignant pour qu'il vous fasse un retour. Expliquez-lui que, de votre côté, vous n'avez aucune information par votre enfant sur le déroulement de la classe. Les rencontres avec les autres parents d'élèves peuvent également vous donner des indications sur l'état d'esprit de la classe et de l'enseignant. Même si ces informations sont à prendre avec des pincettes, elles peuvent vous servir à amorcer la conversation avec votre enfant. Une relation compliquée entre un enseignant et un enfant peut en effet se révéler très néfaste. Les parents doivent avoir un échange à ce propos avec l'enseignant et si cet échange n'aboutit à rien de constructif, ils doivent rencontrer le directeur de l'école pour lui faire part de leur malaise. Ce dernier pourra intervenir, voire changer l'enfant de classe. *In fine*, si la situation dégénère ou si un changement de classe n'est pas possible, il ne faut pas hésiter à opter pour un changement d'école, les dégâts sur l'enfant pouvant être très lourds, comme nous l'avons vu dans le paragraphe précédent. Toutes les options peuvent être envisagées, jusqu'à celle d'une instruction à domicile, puisque c'est l'instruction qui est obligatoire jusqu'à 16 ans, et non l'école.

GÉREZ VOTRE PROPRE STRESS !

Il est fréquent, lors des réunions à l'école, de rencontrer des parents très angoissés dès l'entrée de leur enfant en CP ou dans l'une des classes supérieures. Leur angoisse est perceptible dans leur voix et dans le nombre élevé de questions qu'ils posent à l'enseignant ; surtout, cette angoisse se transmet à leur enfant. En entrant au CP, à 6 ou 7 ans, l'enfant n'a pas de préjugés, il ne doute pas de ses compétences, il ne s'est pas encore confronté à ce qu'est la scolarité. En revanche, il ressent parfaitement l'appréhension de ses parents, leurs doutes… et cette perception n'est pas sans conséquences, positives ou négatives. Quelle que soit la façon de réagir de l'enfant, **subir l'angoisse ou vouloir rassurer ses parents ne font pas partie de son rôle.** Il appartient à l'adulte d'avoir un discours rassurant sur l'école et de ne pas projeter sur son enfant les difficultés qu'il a lui-même rencontrées lorsqu'il était jeune, au cours de sa propre scolarité. Il ne doit pas non plus faire sentir à l'enfant qu'il doute de ses capacités à s'en sortir à l'école. Si c'est le cas, le parent angoissé peut demander à l'autre parent de gérer. Il peut aussi se faire aider par un coach ou par un psychologue pour ne pas provoquer une situation de blocage due principalement à ses propres angoisses. La situation de son enfant est différente de celle qu'il a connue. L'école a changé, l'enfant n'est pas le même et sa personnalité n'est pas celle de ses parents.

Les parents ne pourront jamais protéger totalement leur enfant, lui éviter les difficultés inhérentes à la vie en société, à l'apprentissage, à l'injustice parfois, aux réussites comme aux échecs. Ils doivent avoir conscience que leur rôle n'est pas de surprotéger leur enfant mais de lui apprendre à se défendre par lui-même. À son retour à la maison, ils sont là pour le consoler, le câliner, le rassurer sur l'amour inconditionnel qu'ils lui portent, lui expliquer comment s'y prendre la fois suivante. Le sourire sera de retour sur les lèvres de leur enfant qui se sentira plus fort. L'éducation, c'est aussi l'apprentissage des échecs pour devenir plus fort, même si le cœur des parents est parfois mis à rude épreuve face à leur impuissance à protéger leur enfant.

FOCUS

Les parents doivent faire le maximum pour avoir un discours rassurant sur l'école. Il leur appartient de gérer leurs appréhensions pour ne pas les transmettre à leur enfant.

L'IMPORTANCE DES ACTIVITÉS EXTRASCOLAIRES

L'enfant scolarisé ne connaît que l'école. Ses enseignants aussi ne connaissent que l'école, puisqu'ils y ont passé toute leur vie. Ils ont eu leur bac puis ont fait leurs études et ensuite, ils sont retournés en classe. De ce fait, l'enfant scolarisé passe l'essentiel de son temps dans un univers clos. Seuls ses parents et sa famille au sens le plus large, voire les familles de ses amis, peuvent lui donner un autre point de vue.

Or une fois adulte, on réalise que la vie ne se résume pas à ce qui se passe à l'école, elle est bien plus vaste, plus riche, plus variée. Les compétences nécessaires par la suite ne sont pas toutes enseignées à l'école. Il est important d'expliquer à son enfant que la partie scolaire n'est qu'un aspect de la vie à laquelle il doit se préparer, et de le lui montrer à l'aide d'exemples tirés du quotidien. Ce sera rassurant pour lui, et cela lui donnera d'autres perspectives, même si pour le moment l'essentiel de son temps doit être passé dans l'univers scolaire.

Pour aider votre enfant à s'ouvrir, les activités extrascolaires sont riches. En France, il existe d'innombrables possibilités de visites d'expositions, de musées, de châteaux... permettant à l'enfant de sortir de son environnement et d'établir des connexions entre ce qui est enseigné en classe et la réalité. Ces découvertes permettent, répétons-le, de repositionner dans le temps les différentes époques afin de mieux comprendre que le monde dans lequel nous vivons n'a pas toujours été ainsi.

Les loisirs comme le sport ou la musique transmettent le goût de l'effort, la connaissance de ses aptitudes et la volonté de les améliorer, l'esprit collectif, le respect de l'organisation. Les activités artistiques offrent un mode d'expression différent, peu tourné vers la dimension cérébrale, comme ce qui se fait le reste du temps à l'école. Elles permettent donc à l'enfant de s'exprimer autrement que par le langage.

Toutes ces compétences développées dans le cadre extrascolaire sont adaptables au contexte du travail scolaire et enrichissent l'enfant.

LES PÉDAGOGIES ALTERNATIVES

Plusieurs mouvements pédagogiques se sont développés au fil du temps. Cela va de Platon jusqu'à Montessori, en passant par Jean-Jacques Rousseau, avec *Émile*, Steiner, Freinet, Jacotot... Dans ce paragraphe, nous nous intéresserons principalement aux pédagogies alternatives les plus développées aujourd'hui, c'est-à-dire celles pour lesquelles il est possible de trouver des écoles en France, à savoir les pédagogies mises en place par Maria Montessori et par Rudolf Steiner.

La pédagogie Montessori. Maria Montessori, Italienne, était médecin. En tant que pédagogue, elle a étudié pendant cinquante ans les enfants de milieux défavorisés en grande difficulté d'apprentissage. La pédagogie qu'elle élabore repose sur des bases scientifiques, philosophiques et éducatives.

Le matériel qu'elle reprend, adapte ou crée s'appuie sur les sens, pour aider le développement de l'intelligence et de la main. L'objet de l'utilisation de ce matériel est de passer du concret à l'abstrait. Ainsi, l'enfant apprend **l'ordre** – il classifie, ordonne, trie, élabore un raisonnement –, puis le **langage** en nommant les concepts, le **mouvement** en affinant l'usage de ses mains et le **raffinement sensoriel** en atteignant une grande dextérité avec certains matériels.

L'objectif est que l'enfant acquière une approche plus exacte de la réalité et s'ouvre à une perception plus précise du monde, en épanouissant au maximum ses différentes sensibilités dans un cadre bienveillant, à son rythme et en collectivité.

La pédagogie mise en place par Maria Montessori est pratiquée depuis le début du XXe siècle et a donné naissance à de nombreuses écoles maternelles puis primaires, et même parfois destinées à accueillir des jeunes jusqu'à 18 ans. En 2005, il y avait environ 4 500 écoles Montessori dans le monde, dont 147 en France.

Parmi les personnalités issues de ces écoles alternatives, on trouve des créateurs de génie comme Larry Page et Sergey Brin, les fondateurs de Google, Jeff Bezos, fondateur d'Amazon, Will Wright, concepteur de *SimCity* et de *Spore*. Ce dernier écrivait, à propos de l'enseignement qu'il a reçu : « Montessori m'a enseigné la joie de la découverte. Cela m'a montré que l'on pouvait s'intéresser à des théories complexes, comme celles de Pythagore par exemple, en jouant avec des cubes. Il s'agit d'apprendre pour soi-même plutôt que de recevoir l'enseignement du professeur. »

Pour trouver les écoles Montessori en France, rendez-vous sur le site www.ecoles-montessori.com.

Les écoles Steiner-Waldorf. Fondées sur la pédagogie de Rudolf Steiner, il existe près de 1 000 écoles Steiner-Waldorf dans le monde, principalement en Europe et en Amérique du Nord. En 2009, on en comptait une vingtaine en France. Ces écoles s'appuient sur l'idée que l'homme a une dimension matérielle et spirituelle. Elles ont donc la volonté de participer à un enseignement intellectuel, artistique et manuel.

La scolarité n'est pas divisée en années mais en cycles d'enseignement plus longs, et la notation entre doucement dans le processus, vers le secondaire. Tous les enfants vont ensemble jusqu'à la fin de leur scolarité. Pour en savoir plus, rendez-vous sur www.steiner-waldorf.org/

Dans le cas où vous inscririez votre enfant dans une école dispensant une pédagogie différente, avec l'intention de le remettre par la suite dans le cycle normal de l'Éducation nationale, renseignez-vous pour savoir comment l'intégration dans le système traditionnel s'est déroulée pour les autres élèves, afin de préparer votre enfant à ce passage.

Petit conseil

Pour en savoir plus sur les pédagogies différentes, le blog du pédagogue Philippe Meirieu est très riche et d'approche accessible à tous :
www.meirieu.com
Pour trouver des écoles différentes, vous pouvez consulter :
ecolesdifferentes.free.fr
Par ailleurs, un mouvement géré par Anne Coffinier, à l'origine de la Fondation pour l'école, encourage la création d'écoles indépendantes. Il en existe peut-être près de chez vous. Une quantité importante d'informations est disponible sur le site www.creer-son-ecole.com. Si d'aventure l'envie vous prenait de vouloir créer une école indépendante, le processus est bien balisé pour le créateur d'école, ce qui facilite sa démarche. La Fondation pour l'école propose un annuaire des écoles indépendantes et œuvre pour le développement d'écoles indépendantes en France.
www.fondationpourlecole.org

Conclusion

Si, certes, tout ne se joue pas au primaire, la réussite de ces premières années de scolarité est néanmoins primordiale pour la suite des apprentissages, mais aussi pour la vie d'homme ou de femme responsable qui attend votre enfant. Pour être confiant et astucieux, il doit maîtriser ses fondamentaux – lecture, écriture et calcul –, ainsi que la vie en collectivité et être respectueux des autres. Ayez à l'esprit ces priorités et ces objectifs lorsque vous accompagnez votre enfant et que vous devez faire des arbitrages.

Nous souhaitons bon courage à tous les parents désireux de s'impliquer auprès de leurs enfants pour leur instruction à l'école et leur éducation à la maison, afin de leur permettre de se développer harmonieusement et de prendre en main leur avenir.

L'auteur

Après des études d'ingénieur et une première partie de carrière dans les télécoms, Grégoire van Steenbrugghe retourne à ce qu'il aime et a fait tout au long de ses études supérieures : la transmission du savoir. Pour cela, il crée une société de soutien scolaire avec pour spécificité de remédier par le langage. Ensuite, confronté à des élèves en rupture, il crée le Cours du Pont de Pierre, école fondée sur une approche pédagogique individuelle pour réconcilier les élèves avec l'envie d'apprendre. Ce faisant, il remet au goût du jour le précepteur. En parallèle, il accompagne de nombreux élèves au quotidien dans leur scolarité et leurs méthodes de travail.

Grégoire van Steenbrugghe est à l'origine du livre blanc Le secret de la scolarité épanouie de vos enfants, c'est vous ! *qu'il a corédigé.*

Découvrez toute la collection

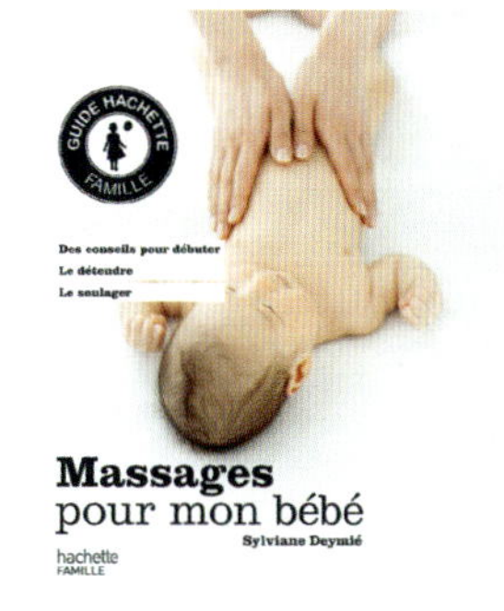

Direction : Catherine Saunier-Talec
Responsable éditoriale : Anne Le Meur
Édition : Caroline Terral
Responsable artistique : Antoine Béon
Conception graphique et couverture : Le Bureau des Affaires Graphiques
Adaptation et réalisation : Fabienne Vaslet
Correction : Catherine Schram
Fabrication : Amélie Latsch
Partenariats : Sophie Morier (smorier@hachette-livre.fr)

Crédits photographiques :
Couverture Fotolia © dalaprod
Intérieur Fotolia : © Christian Schwier : 2 ; © fotocociredef73 : 10 ; © auremar : 18 ; © Christian Schwier : 25 ; © Christophe Fouquin : 54 ; © Tatyana Gladskih : 76 ; © Duris Guillaume : 82.

Imprimé par Castelli Bolis Poligrafic en Italie
Dépôt légal : août 2014
23-05-1238-01-7
ISBN : 978-2-01-231238-8